Die Sozialwissenschaften seit 1945

Reihe Campus
Band 1010

Vor allem nach dem 2. Weltkrieg sind die Sozialwissenschaften angetreten, die Gesellschaft nach rationalen Maßstäben umzugestalten. Haben sie ihre Verheißung einlösen können?
Themenorientiert befaßt sich der bekannte amerikanische Autor mit Ideen und Trends, welche die Sozialwissenschaften seit dem 2. Weltkrieg entscheidend geprägt haben: Aufstieg und Fall von Keynes, Kultur und Persönlichkeit, Funktionalismus, »cognitive modelling«, Soziobiologie, Neomarxismus und Strukturalismus.

Daniel Bell ist Professor für Soziologie an der Harvard University und Trustee des Institute of Advanced Study. Als Band 1001 ist von ihm in der Reihe Campus erschienen: *Die nachindustrielle Gesellschaft*.

Daniel Bell

Die Sozialwissenschaften seit 1945

Aus dem Amerikanischen von Udo Rennert

Campus Verlag
Frankfurt / New York

Die amerikanische Ausgabe »The Social Sciences Since the Second World War« erschien 1982 bei Transaction Books.

Für Robert K. Merton
magister ludi

CIP-Kurztitelaufnahme der Deutschen Bibliothek

Bell, Daniel:
Die Sozialwissenschaften seit 1945 / Daniel Bell.
Aus d. Amerikan. von Udo Rennert. – Dt. Erstausg. –
Frankfurt/Main ; New York : Campus Verlag, 1986.
(Reihe Campus ; Bd. 1010)
Einheitssacht.: The social sciences since the
Second World War <dt.>
ISBN 3-593-33650-2

NE: GT

Deutsche Erstausgabe
Veröffentlicht in der Reihe Campus 1986

Umschlaggestaltung: Atelier Warminski, Büdingen
Satz: VA Peter Großhaus, Wetzlar
Druck und Bindung: Friedrich Pustet, Regensburg
Printed in Germany

Inhalt

Vorwort zur deutschen Ausgabe

Wie ich im Vorwort zur amerikanischen Originalausgabe betont habe, bietet diese Monographie keine erschöpfende Darstellung der Sozialwissenschaften seit dem Zweiten Weltkrieg; ein solcher Versuch wäre von vornherein zum Scheitern verurteilt. Hier geht es vielmehr darum, umfassende Konzepte oder große Theorien herauszustellen – kurz solche übergreifenden Ansätze, die den Arbeiten der »Väter« der Sozialwissenschaften (wie Marx, Durkheimer, Weber, Marshall, Keynes, Boas oder Westermarck) vergleichbar sind oder diese fortführen, und es geht darum, den Beitrag dieser neuen Ansätze im Hinblick auf eine »Akkumulation« der Erkenntnis zu bewerten. Der Leser wird selbst feststellen, daß es hier durchaus Unterschiede gibt: während in Einzelbereichen (Methoden und spezielle Probleme) brillante Erfolge zu verzeichnen waren, sind die Versuche, synthetische oder makrostrukturelle Theorien zu entwerfen, gescheitert.

Das ist jedoch kein Grund zur Resignation. Die einzelnen hier vorgestellten Arbeiten sind zum größten Teil sehr gehaltvoll. Und erst in diesem Jahrzehnt haben sich einige neue und vielversprechende Ansätze gezeigt. In der Soziologie bieten die Arbeiten Bourdieus über die »Reproduktion« einer Gesellschaft durch den kulturellen *Habitus* eine interessante Revision der Marxschen Theorie. Niklas Luhmann hat versucht, auf der Grundlage von Parsons' Gedanken seine komplexen Modelle der Differenzierung der Gesellschaft und der Beziehungen zwischen ihren Subsystemen zu entwickeln. Mit seiner Theorie der »Strukturierung« hat Anthony Giddens den Versuch unternommen, die Vorstellungen von Marx und Weber über soziale Schichtung miteinander zu verknüpfen. In den Wirtschaftswissenschaften haben Amartyra Sen, Albert Hirschman und Thomas Schelling den Rahmen der neoklassischen Wirtschaftstheorie gesprengt und deren Annahme von »rationalen Wirtschaftssubjekten« infrage gestellt. In der Anthropologie setzt sich zunehmend Clifford Geertz mit seiner Betonung einer »interpretativen« Sozialwissenschaft (anstelle der Suche nach Kausalgesetzen) durch und schlägt auf diese Weise eine Brücke zu den Humanwissenschaften. Der Marxismus war schon immer für Überraschungen gut. Ein Vierteljahrhundert hindurch beherrschte die »hegelianische Interpretation« von Marx in den Arbeiten von Georg Lukács und Alexandre Kojève die Szene, unterstützt unter anderem von Herbert Marcuse und der »Frankfurter Schule«, bis diese Auffassung vom »wissenschaftlichen« und strukturellen Marxismus Louis Althussers wieder infrage gestellt wurde. Nachdem sich die beiden Skorpione gegenseitig zu Tode gestochen hatten, war die Arena wieder frei. Und heute stehen wir vor einem neuen Marxismus, der, wie in den Arbeiten von Jon Elster, durch die Perspektive des »methodologischen Individualismus« charakterisiert ist; hier haben wir es mit einer Art »Mikro-Marx« zu tun. Nun denn, auch diese Auffassung wird eines Tages abgelöst werden.

Doch kehren wir zur eigentlichen Frage zurück. Ist es überhaupt möglich, in den Sozialwissenschaften eine »große Theorie« oder ein übergreifendes Modell zu entwerfen? Ich glaube nicht. Und ich möchte hierfür kurz und schematisch einige Gründe angeben.

Die klassische Formulierung des Problems stammt von Georg Lukács, der in *Geschichte und Klassenbewußtsein* geschrieben hat:

»Nicht die Vorherrschaft der ökonomischen Motive in der

Geschichtserklärung unterscheidet entscheidend den Marxismus von der bürgerlichen Wissenschaft, *sondern der Gesichtspunkt der Totalität.* Die Kategorie der Totalität, die allseitige, bestimmende Herrschaft des Ganzen über die Teile ist das Wesen der Methode, die Marx von Hegel übernommen und originell zur Grundlage einer ganz neuen Wissenschaft umgestaltet hat.«

Das genau ist die Frage. Eine Gesellschaft, so möchte ich behaupten, läßt sich nicht als *Totalität* auffassen. Weder der Marxismus noch der Funktionalismus noch jede andere holistische Theorie, insbesondere jede Anschauung, die einen Phasenablauf der Geschichte unterstellt und auf die Entdeckung eines irgendwie gearteten inneren Zusammenhangs gerichtet ist, kann sich auf die Dauer behaupten, weil *Gesellschaft kein System ist.* Am Begriff der *Totalität* oder an einem holistischen Ansatz könnte man nur dann festhalten, wenn eine Gesellschaft aus wechselseitig abhängigen Teilen bestände, die entweder über die Produktionsweise oder über das Wertsystem organisiert wären, so daß diese »unabhängigen« Variablen alle übrigen Teile des Systems bestimmen würden. Aber jede Gesellschaft, so meine ich, setzt sich aus unterschiedlichen Bereichen zusammen, und zwischen diesen besteht ein »disjunktives« Verhältnis. Eine moderne technikorientierte Wirtschaft ist nach dem Effizienzprinzip organisiert, demzufolge die Allokation der einzelnen Ressourcen (über Produktionsfunktionen etc.) erfolgt, daß ein maximaler Gewinn oder ein optimaler Einsatz gesichert wird. Wenn ein neues Produktionsverfahren billiger oder effizienter ist als das bisherige, dann wird es auch angewandt. Somit herrscht hier ein eindeutiges Prinzip des Wandels: die lineare Substitution. In der Kultur findet sich hingegen kein derartiges Prinzip. Boulez kann Bach nicht »ersetzen«. Eine Kultur wirkt durch die Tradition, die die Pforten des Wandels bewacht oder wie in der heutigen Zeit einem hemmungslosen Synkretismus huldigt, gleich einem »Museum ohne Wände«, in dem jeder Gegenstand aus dem Zusammenhang gerissen wird und jedem beliebigen Manierismus zu dienen hat. Ebensowenig läßt sich mit materialistischen Prinzipien die Zählebigkeit der ältesten uns bekannten menschlichen Institutionen erklären, der großen historischen Religionen Buddhismus, Hinduismus, Judaismus, Christentum oder Islam, allesamt Religionen, deren wesentlichen Züge trotz mancher Änderungen im Lauf der Zeit eine innere Kontinuität bewahrt haben. Wenn sich also die verschiedenen Bereiche einer Gesellschaft auf unterschiedliche Weise ändern, wie läßt sich dann noch ein Prinzip der »Totalität« aufrechterhalten?

Aber es gibt noch ein zweites, eher technisches Problem: die unterschiedlichen Sprachebenen und die Möglichkeiten zur Verallgemeinerung einer Theorie. Jede historische Beschreibung muß mit den Begriffen arbeiten, die für eine bestimmte Epoche oder eine Region spezifisch sind; aus diesem Grund geht sie ins einzelne, ist deskriptiv, konzentriert sich auf das Besondere und dergleichen. In den Wirtschaftswissenschaften arbeitet man hingegen nach der abstrakten Methode der Physik, die auf Galilei zurückgeht. Galilei verwarf beispielsweise die Vorstellung eines konkreten fallenden Körpers, sondern interessierte sich für die allgemeinen Eigenschaften aller Körper: Masse, Geschwindigkeit, Beschleunigung und dergleichen. Und durch das Aufstellen von Gleichungen, die die Beziehungen zwischen diesen Eigenschaften ausdrücken, gelangte er zu den Fallgesetzen. In ähnlicher Weise behandelt die neoklassische Ökonomie keine konkreten Dinge wie Kautschuk oder Textilien, sondern »abstrakte« Eigenschaften: Einheiten von Kapital und Arbeit. Diese werden als *homogen* betrachtet und lassen sich mithilfe von Tauschbeziehungen in ein Verhältnis setzen. Damit *löst sich jedoch die Wirtschaftswissenschaft von konkreten Institutionen*, um abstrakte Wirtschaftsbeziehungen innerhalb sämtlicher Systeme behandeln zu können, die eine Optimierung anstreben. Die Soziologie kann jedoch unmöglich von bestehenden Institutionen absehen. Das kühne Unterfangen von Talcott Parsons, der nach einer derartigen Struktur gesucht hat, zeigt, daß das System zu einer inhaltsleeren Morphologie gerät. In der Soziologie können wir nicht umhin, uns auf einer »soziographischen« Ebene zu bewegen, die auf empirische Verhältnisse bezogen bleibt und auf der sich kein formal-analytisches Modell konstruieren läßt. Wie schon gesagt, erweist die Geschichte der Soziologie, angefangen von Simmel, Pareto und Weber (jedenfalls die ersten Kapitel von *Wirtschaft und Gesellschaft* mit ihren Definitionsversuchen) bis zu Parsons, überzeugend die Vergeblichkeit solcher Ansätze.

Und schließlich gibt es noch ein umfassenderes Problem. Die Sozialwissenschaften haben ihre Begrifflichkeit weitgehend dem Denken der klassischen griechischen Philosophie entlehnt, und so sind ihre Modelle und Vorstellungen – Bewußtsein, Entwicklung, Vernunft oder System – nichts anderes als die Anwendung klassischer Anschauungen auf unsere moderne westliche Erfahrung. Angesichts des bevorstehenden 21. Jahrhunderts erhebt sich jedoch die Frage, ob diese Ideen ihrem Wesen nach auch auf außerwestliche Gesellschaften anwendbar sind, auf deren Sozialstruktur (wie in Afrika) oder deren Kultur (wie in Asien). Diese Frage wird nach meiner Meinung hauptsächlich die Diskussion in den Sozialwissenschaften am Ende unseres Jahrhunderts bestimmen.

Daniel Bell
Cambridge, Mass. im April 1986

Bibliographische Anmerkungen

Von den in diesem Vorwort erwähnten Autoren liegen folgende neuere Titel in deutscher Sprache vor:

Pierre Bourdieu, *Die feinen Unterschiede*, Frankfurt: Suhrkamp 1982.
Jon Elster, *Subversion der Rationalität*, Frankfurt: Campus 1986.
Clifford Geertz, *Dichte Beschreibung*, Frankfurt: Suhrkamp 1983.
Anthony Giddens, *Die Konstitution der Gesellschaft*, Frankfurt: Campus 1987.
Albert O. Hirschmann, *Engagement und Enttäuschung*, Frankfurt: Suhrkamp 1984.
Niklas Luhmann, *Soziale Systeme*, Frankfurt: Suhrkamp 1985.
Amartya Sen, *Ökonomische Ungleichheit*, Frankfurt: Campus 1975.

Einige Gedanken über die »Disjunktion« zwischen verschiedenen Gesellschaftsbereichen habe ich in meinem Buch *The Cultural Contradictions of Capitalism* skizziert, dessen deutsche Übersetzung den etwas befremdlichen Titel trägt *Die Zukunft der westlichen Welt* (Frankfurt: Fischer 1979).

Das Lukács-Zitat findet sich in der Erstausgabe Berlin 1923 auf der Seite 39.

Einleitung

Im Jahr 1830 begann Auguste Comte, ein Mann von monomanischem Genius (vier Jahre zuvor hatte er nach einem Nervenzusammenbruch die Hochzeitsurkunden mit »Brutus Bonaparte Comte« unterschrieben) mit der Veröffentlichung eines sechsbändigen Monumentalwerks *Cours de philosophie positive.* Mit diesem 1842 vollendeten Vorhaben wollte er eine umfassende Darstellung der Einheit des menschlichen Wissens geben.[1] Es war nicht die Absicht Comtes, eine Enzyklopädie oder eine detaillierte Beschreibung der Wissenschaften abzufassen – diese »würde kein Ende haben und eine wissenschaftliche Ausbildung erfordern, wie sie kein einzelner Mensch besitzt«, schrieb er. Ihm war es vielmehr darum zu tun, ein Klassifikationsprinzip vorzulegen und die Einheit der Wissenschaften nachzuweisen, indem er sie mit seiner »positiven Methode« erläuterte.

Für Comte haben alle – natürlichen wie gesellschaftlichen – Phänomene – in der Sprache der Moderne – eine Wesensstruktur, eine immanente Ordnung, und die Aufgabe der Wissenschaft ist es, diese mit Hilfe der positiven Methode aufzufinden. Wörtlich heißt es bei ihm:

»... Es handelt sich wesentlich darum, die Ordnung ruhig zu betrachten, um sie in passender Weise zu vervollkommnen, aber nicht, sie ins Leben zu rufen, was unmöglich wäre. Vom wissenschaftlichen Standpunkt aus ... bildet jener Grundgedanke der *allumfassenden sozialen Solidarität* hier die unumgängliche Folge und die unerläßliche Ergänzung eines ... grundlegenden Begriffes ... Überall, wo irgendein System besteht, [muß] hinfort auch eine gewisse Solidarität bestehen. Die Astronomie selbst zeigt uns in ihren rein mechanischen Erscheinungen den ersten wirklichen Ansatz dazu ... [Doch wird] der Consensus um so inniger und um so ausgesprochener, je mehr er auf allmählich verwickeltere und weniger allgemeine Erscheinungen Anwendung findet, ... [so daß er] trotz seiner notwendigen Universalität, doch wesentlich immer den organischen Systemen zukommen wird wegen ihrer höheren Komplikation ... [Deshalb] dürfte dieser wichtige Begriff beim allgemeinen Studium des sozialen Organismus a priori ein noch größeres wissenschaftliches Übergewicht erlangen, als ... in der Biologie ... Dieses einleitende Unternehmen war also zur rationellen Verknüpfung der Sozialwissenschaften mit den anderen grundlegenden Wissenschaften ebenso unerläßlich, wie sie es anerkanntermaßen zur eigentlichen Begründung dieser neuen Wissenschaft ist.«[2]

Die Soziologie sollte die Königin der Wissenschaften sein:

»...Die weitere Ausgestaltung des Kernes der neuen Lehre, die die vernunftgemäße Einwirkung des Menschen auf die Natur systematisieren soll, [kann] nur unter der fortdauernden Beeinflussung durch die soziologische Philosophie vollendet werden, die allein imstande ist, ... die sehr schwierige Verbindung der verschiedenen wissenschaftlichen Gesichtspunkte herzustellen, die durch die Natur dieser großen Arbeit erfordert wird ... Nachdem die soziologischen Theorien wahrhaft positiv geworden sind, [steht] dem nichts entgegen, daß fortan der menschliche Gesichtspunkt auf immer den normalen Einfluß wiedererlange, der ihm naturgemäß in dem Ganzen der menschlichen Spekulation zukommt...«[3]

Comtes synoptische Betrachtungsweise beruhte auf drei Überlegungen: daß alle Phänomene unveränderlichen Naturgesetzen unterworfen sind, daß sich diese Gesetze mit den induktiven und deduktiven Methoden der Wissenschaften auffinden lassen und daß die Entwicklung des menschlichen Denkens vom theologischen über das metaphysische zum positiven Stadium eine Entfaltung der menschlichen Erkenntnis bewies, so daß jetzt eine neue Wirklichkeitsebene sichtbar wurde.

Die Suche nach einem einigenden Leitmotiv hat alle großen Köpfe der Soziologie angetrieben. Herbert Spencer, dieser »dogmatische Geist«, der rund 20 Jahre nach Comte geboren wurde und ähnliche Theorien wie dieser entwickelt hatte, formulierte sein Programm so:

»Das Gesetz des organischen Fortschritts ist das Gesetz des Fortschritts überhaupt. Ob in der geschichtlichen Entwicklung der Erde, der Entwicklung des Lebens auf ihrer Oberfläche, in der Entwicklung von Gesellschaften, Regierungen, der Gütererzeugung, des Handels, der Sprache, Dichtung, Wissenschaft oder der Kunst, überall gilt, daß sich in einer Abfolge von Differenzierungen das Komplexere sich aus dem Einfacheren ergibt. Von den frühesten uns bekannten Veränderungen des Kosmos zu den jüngsten Resultaten der Zivilisation können wir feststellen, daß der Fortschritt im Grunde aus einer Verwandlung von Gleichartigem in Ungleichartiges besteht.«

Mit diesem gewaltigen Bauwerk *The Principles of Sociology*, an dem er zwei Jahrzehnte (1876–1896) arbeiten sollte, wollte Spencer den Beweis führen, daß alle sozialen Phänomene – insbesondere die Tendenz sozialer Gebilde, einem stabilen Gleichgewichtszustand zuzustreben – unveränderlichen Gesetzen gehorchen.[4]

Lester F. Ward (1841–1913), der von einem seiner Bewunderer »der amerikanische Aristoteles«, genannt wurde, baute sein eigenes System auf dem Begriff der »Synergie« auf – in dem sich für ihn Energie und Wechselseitigkeit verbanden –, um die Entwicklung von Strukturen vom Einfachen zum Komplexen durch die antithetischen – heute würden wir sagen: dialektischen – Kräfte der Natur zu erklären. Ward war ursprünglich Botaniker und Paläontologe und stülpte der Soziologie eine biologische Terminologie über (was wahrscheinlich der Grund dafür war, daß man ihn mit Aristoteles verglich); so führte er etwa für die historischen Prozesse der sozialen Differenzierung den Begriff *»kariokinesis«* ein (wie bei organischen Zellen) oder die »sympoidale Entwicklung«, bei der aufeinanderfolgende Zweige zum Hauptstamm werden und den ursprünglichen Stamm als zerfallendes Rudiment zurücklassen, als Begriff für die Prozesse der Kolonisation.

Mit seinem anspruchsvollen und umfangreichen Werk beeindruckte Ward die anderen Autodidakten seiner Zeit als spekulativer Geist. Freilich vermochte allein der Provinzialismus der frühen amerikanischen Soziologie bei Ward eine Orginalität des Denkens zu entdecken. Seine Soziologie ist ein Abklatsch von Comte, den er neben Haeckel und Spencer gelesen hatte, und seine Klassifikation der Wissenschaften, die für ihn das Fundament seines Systems bildete (z. B. die Astronomie als »die allgemeinste und am wenigsten komplexe« und die Soziologie als »die komplexeste und am wenisten allgemeine« Wissenschaft), ist eine geistlose Übernahme Comtescher Ideen. Auch wenn es unfreundlich klingt: Ward hat keine Spuren hinterlassen.[6]

Im 20. Jahrhundert haben sich die Sozialwissenschaften von diesen großzügigen historischen Verallgemeinerungen und dem Bau babylonischer Türme abgewandt. In der Theorie wurden sie unhistorisch und analytisch, im Einzelfall empirisch und in der Methode weitgehend quantitativ.

Der Übergang zu einer analytischen Vorgehensweise konnte seit langem in der Wirtschaftswissenschaft beobachtet werden, wenn sich auch der Begriff selbst erst mit Alfred Marshalls *Principles of Economics* 1890 durchsetzte. Bis zu Adam Smith war Ökonomie »Moralphilosophie« gewesen und hatte sich in der Tradition der *Politeia* des Aristoteles mit den Grundsätzen der richtigen Hauswirtschaft beschäftigt. Von Smith bis Mill war sie »politische Ökonomie« und befaßte sich mit der Schaffung von Wohlstand im Rahmen der politischen Ordnung. Nach Marshall wurde diese Wissenschaft zu einer ahistorischen »analytischen Maschine« mit dem Ziel – hierin dem Beispiel der klassischen Mechanik nacheifernd –, Grundbeziehungen aufzustellen (z. B. zwischen Angebot und Nachfrage, Investition und Konsum, Indifferenzkurven und Opportunitätskosten), mit denen sich nach Vorgabe bestimmter quantitativer Größen Invarianzkoeffizienten berechnen ließen, die dann als ein Ensemble unaufwendiger Verfahren auf alle Entscheidungs- und Knappheitssituationen anwendbar sein sollten. In der Soziologie, etwa in den Arbeiten von Tönnies, Durkheim und Weber, ging es darum, von der historischen Entwicklung zu abstrahieren (obwohl die Begriffe in einen evolutionären Rahmen gespannt waren), und die Grundtypen sozialer Strukturen zu definieren, die es dem Soziologen ermöglichen würden, die unterschiedlichsten Gesellschaften und die verschiedensten Formen sozialen Handelns miteinander zu vergleichen. Auch in der Anthropologie erfolgte eine Abkehr von aller Geschichte und Evolution (oder von einer vergleichenden Untersuchung isolierter Merkmale) und eine Hinwendung zur funktionalen Analyse und der Integration sozialer Strukturen und Kulturen, abzulesen an den Arbeiten von Malinowksi und Radcliffe-Brown.

In der Forschung traten an die Stelle spekulativer Verallgemeinerungen Erhebungen von Daten, Fallstudien, Umfragen und Untersuchungen mit teilnehmender Beobachtung. Zu diesen zählen die bahnbrechenden Untersuchungen von Wesley Clair Mitchell und seinen Schülern über Konjunkturzyklen, die Studie über die Lebensgeschichten von Einwanderern, z. B. *The Polish Peasant in Europe and America* von W. I. Thomas und Florian Znaniecki, sowie die von Franz Boas und seinen Schülern angeregten anthropologischen Felduntersuchungen. In der Methodik wurden ausgefeilte statistische Verfahren zur Entdeckung von Zusammenhängen zwischen einzelnen Variablen entwickelt, angefangen von den Arbeiten Karl Pearsons und R. A. Fishers bis zur Formalisierung von Modellen durch mathematische Darstellungen. Die von K. W. Deutsch und seinen Mitarbeitern erstellte Übersicht »Grundlegende Innovationen in den Sozialwissenschaften von 1900 bis 1965«, die im 1. Kapitel dieses Buches wiedergegeben ist, macht auf eindrucksvolle Weise das seit der Jahrhundertwende zunehmende Gewicht quantitativer Ansätze deutlich.

Angesichts des ungewöhnlichen Aufschwungs, den die Sozialwissenschaften erfahren haben, eine Blüte, die manche Autoren vielleicht etwas voreilig mit der triumphalen Festigung der Stellung der Physik im 17. Jahrhundert verglichen haben, hat sich natürlich die Frage aufgedrängt: was haben wir aus all dem gelernt? Nicht nach Details wird gefragt, denn es liegt eine Fülle an Einzelergebnissen vor, sondern nach synoptischen oder integrierenden Darstellungen neuer Erkenntnisse, die einen Fortschritt gegenüber der Vergangenheit bedeuten: nach einer Matrix erhärteter allgemeiner Hypothesen über menschliches Verhalten oder soziale Beziehungen; nach einem Bestand an Verfahren oder Methoden, mit deren Hilfe die neuen Erkenntnisse für eine Sozialplanung oder für gesellschaftliche Zwecke nutzbar gemacht werden können; nach übergreifenden Theorien, mit denen sich die Erkenntnisse umfassend in eine Ordnung bringen und auf frühere Erkenntnissysteme oder gar auf das »immerwährende Wissen« beziehen lassen, das in den klassischen »Summen« der menschlichen Erfahrung beschlossen liegt. Vornehm ausgedrückt lautet die Frage: wenn uns die Physik und die mit ihr verbündeten Wissenschaften zu einem umfassenderen und komplexeren Verständnis der Natur verholfen haben, so daß wir in den Stand gesetzt wurden, die Natur zu verändern, was haben dann ihr gegenüber die Sozialwissenschaften von der Natur des Menschen und den von Menschen geschaffenen Sozialstrukturen verstanden, das über die Verallgemeinerungen der Philosophen hinausginge und uns befähigte, die utopischen Visionen unserer Vorfahren zu verwirklichen? Oder mit einfachen Worten: wenn wir in der Lage waren, mit Hilfe der Formel $E = mc^2$ eine Atombombe zu bauen oder einen Menschen auf den Mond zu schicken, können wir dann auch unsere Kinder besser erziehen, eine angenehmere Umwelt entwerfen, unsere Produktivität zur Beseitigung der Armut einsetzen oder eine »künstliche Intelligenz« schaffen, mit der sich das menschliche Denkvermögen in derselben Weise erweitern läßt wie Maschinen unsere körperlichen Fähigkeiten erweitert haben? In der Mitte unseres Jahrhunderts hatte man uns genau dies verheißen. Ist aus den Verheißungen inzwischen Wirklichkeit geworden?

Das waren kurz gesagt die Fragen, die mir von den Herausgebern von *The Great Ideas Today* gestellt wurden, einem Unternehmen der Encyclopedia Britannica. Sie veröffentlichen ein Jahrbuch, in dem jeweils ein wichtiges geistiges oder politisches Problem behandelt, ein Überblick über die neuesten Entwicklungen in Kunst und Wissenschaft gegeben, der Stand einer »großen Idee« untersucht und ein Nachtrag zur »Bibliothek der großen Bücher« geliefert wird. Ich wurde gebeten, eine Übersicht über die Entwicklung der Sozialwissenschaften seit dem Zweiten Weltkrieg zu verfassen. Dieser Essay erschien in zwei Teilen in den Jahrbüchern 1979 und 1980 von *The Great Ideas Today.*

Ein Essay muß für sich selbst sprechen, und ich werde hier nichts weiter über seinen Inhalt sagen. Aber es mag für den Leser immerhin nützlich sein zu erfahren, um was es in diesem Buch nicht geht und was darin ausgespart wurde.

Die vorliegende Abhandlung bietet keinen detaillierten Überblick über die einzelnen Disziplinen der Sozialwissenschaften. Wenn der Wirtschaftswissenschaft besonders viel Platz eingeräumt wurde, so deshalb, weil diese Disziplin den sehr weitgehenden Anspruch erhoben hat, mit dem neoklassischen Paradigma von Alfred Marshall bis Paul Samuelson eine zusammenhängende Theorie des »rationalen« Verhaltens bei der Allokation von Gütern und Dienstleistungen zu formulieren, und diesen Anspruch auch auf ihre wirtschaftspolitischen Empfehlungen ausdehnen möchte; die Disziplin als solche wird hier nicht behandelt. Ebensowenig gehe ich auf die Vielzahl von wichtigen sozialwissenschaftlichen Einzeluntersuchungen ein, die Zeichen gesetzt haben, und auch nicht auf die zahlreichen neuen Verfahren und Methoden. Mein Schwerpunkt liegt vielmehr auf den synoptischen Versuchen, eine systematische Theorie anzubieten – ob als anzustrebendes Ziel, wie auf dem Gebiet der künstlichen Intelligenz und der Simulation von Denk- und Wahrnehmungsprozessen *(cognitive modelling)*, oder als interdisziplinärer Ansatz wie bei der Erforschung des Zusammenhangs zwischen Kultur und Persönlichkeit oder als bedeutsame neuartige Perspektive wie in der Soziobiologie oder im Strukturalismus – die alle in sich schlüssige Aussagen über menschliches Verhalten oder soziale Strukturen aufstellen.

So habe ich wichtige Einzeluntersuchungen übergangen, z. B. *The American Soldier* von Samuel Stouffer und seinen Mitarbeitern, die sowohl bei der angewandten Methode als auch mit dem strategischen Konzept der »relativen Deprivation« neue Wege gewiesen hat; es fehlt das Werk von Paul Lazarsfeld, der mit seinen Mitarbeitern den Zusammenhang von Wählerverhalten und Kommunikation untersucht hat und insbesondere den Gründen für die Wahlentscheidung nachgegangen ist, und es bleiben schließlich die Arbeiten Robert Mertons und seiner Mitarbeiter unerwähnt, die eine Systematisierung von Theorie und Forschung anstreben und überdies einen wesentlichen Beitrag zur Wissenssoziologie geleistet haben.

Immer wieder stellt sich das Problem der Abgrenzung, vor allem dann, wenn neue Ansätze auf eine einzige, zukunftsweisende Arbeit zurückgehen wie im Fall des 1944 erschienenen Buches *Theory of Games and Economic Behavior* von John von Neumann und Oskar Morgenstern. Auf dem Gebiet dessen, was wir heute als »Spieltheorie« oder im weiteren Sinne als »Entscheidungstheorie« bezeichnen, hat es einige brillante Praktiker gegeben. Ein einflußreiches Buch, das den damaligen Forschungsstand darstellt, *Games and Decisions*, wurde 1958 von Duncan

Luce und Howard Raiffa veröffentlicht. Doch in den zwanzig Jahren, die seit dieser systematischen Darstellung vergangen sind, haben sich Spiel- und Entscheidungstheorie auf so verschiedene Bereiche ausgedehnt wie Mikroökonomik, Verwaltungshandeln, Theorie der Herrschaft und Kontrolle und internationale Politik. Zu den hervorragenden Veröffentlichungen auf diesem Gebiet zählt auch *The Strategy of Conflict* von Thomas Schelling. Dieser Untersuchungsansatz ist inzwischen sehr verbreitet und hat in die unterschiedlichsten Forschungsdisziplinen und akademischen Fachrichtungen Eingang gefunden. Doch die anfängliche Verheißung einer umfassenden Theorie, die wie seinerzeit Macchiavellis *Il principe* alle Hypothesen über Prinzipien der Strategie systematisieren und schließlich formalisieren sollte, hat sich nicht erfüllt. Es bleibt vorerst bei einer Annäherung.

Ein »Grenzgebiet« anderer Art, das ein zunehmendes Interesse findet, ist die Semiotik, ein Gattungsbegriff für die theoretische Beschäftigung mit Zeichen-, Symbol- und Bedeutungssystemen. Die Semiotik hat eine lange Geschichte in der Philosophie, angefangen mit dem Werk von Charles Peirce, der diesen Begriff für eine allgemeine Theorie der Zeichen prägte, später fortgeführt von de Saussure, von dem der Begriff Semiologie stammt, um zum Ausdruck zu bringen, daß Sprache ein konstruiertes System von Beziehungen darstellt. Während diese Fragen für die Literaturwissenschaft und die Hermeneutik besondere Bedeutung erlangten, sind Symbolik und Semiotik erst in den 70er Jahren wesentliche Bestandteile sozialwissenschaftlicher Untersuchungen geworden, insbesondere in den anthropologischen Arbeiten von Clifford Geertz (der seinen Ansatz als »interpretative Anthropologie« bezeichnet) und von Mary Douglas und Victor Turner (der den Begriff »symbology« vorzieht). Man kann die Semiotik als ein bestimmtes Forschungsinteresse verstehen, als Explorationsverfahren und sogar als Forschungsfeld (mit Systemen von Symbolen und Bedeutungen als Gegenstand), es fehlt ihr aber der einigende Fluchtpunkt des

Strukturalismus, und in einigen Fällen ist sie fast gleichbedeutend mit einer Theorie der Kultur.[6]

Fast völlig ausgelassen wurde das ständig größer werdende Gebiet der politischen Wissenschaft, allerdings nicht wegen seiner Ausdehnung, sondern weil hier trotz einiger Ansätze zu neuen Betrachtungsweisen und Paradigmata – ich denke etwa an den Begriff der »politischen Kultur«, der auf Gabriel Almond, Lucien Pye und Sidney Verba zurückgeht, an das Konzept der »Systemanalyse«, mit dem insbesondere David Easton gearbeitet hat, an den »ökonomischen Ansatz« in der Politikwissenschaft, wie er z. B. von Anthony Downs vertreten wurde, oder an die interessanten Arbeiten von Mancur Olson, John Harsanyi und Tullock und Buchanan über »kollektive Entscheidung« – die umfassendere Synthese der in diesem Buch behandelten Bewegungen und Schulen fehlt.

Mit Bedauern registriere ich allerdings eine Auslassung aus dem weiten Feld der Politikwissenschaft, die den Versuch betrifft, der politischen Philosophie eine neue normative Begründung zu geben, nämlich das in den USA zuerst 1971 erschienene Buch *Eine Theorie der Gerechtigkeit* von John Rawls. Was diese Arbeit zu etwas Besonderem macht, ist nicht nur der erneute Versuch, sich mit den Problemen einer »Verteilungsgerechtigkeit« auseinanderzusetzen, Probleme, die nach der Vorstellung marxistischer und utopischer Denker unter den Bedingungen des Sozialismus und des »Überflusses« hätten verschwinden sollen, sondern Rawls' Verbindung der Strenge der analytischen Philosophie mit den Theoremen der Wohlfahrtsökonomie, insbesondere denen von Amartya Sen.[7]

Mein Grund für diese Auslassung war ein selbstauferlegter Verzicht auf jede nähere Behandlung der Philosophie – mit einer wichtigen, weiter unten angeführten Ausnahme – und der nicht weniger umfangreichen Literatur über die erkenntnistheoretischen Grundlagen der Sozialwissenschaften (z. B. die Schriften von Peter Winch, Ernest Gellner, W. G. Runciman, Anthony

Giddens, Alasdair MacIntyre u. a.). Aus demselben Grund erfährt der Leser in diesem Buch nichts über die Phänomenologie, die von Edmund Husserl begründet und von Merleau-Ponty und Alfred Schütz fortgeführt wurde und in der Soziologie jenen eigenartigen Ableger mit der Bezeichnung »Ethnomethodologie« hervorgebracht hat.

Über das Wiederaufleben des Neomarxismus könnte man ein eigenes und vermutlich noch längeres Buch schreiben; schließlich ist der Marxismus nicht nur eine Wissenschaft, sondern auch Scholastik, und jede neue Auslegung des »heiligen Texts« führt zu einer neuen Vervielfachung der bereits existierenden Schismen. Auffällig ist immerhin die Tatsache, daß marxistische Autoren sich bis heute über die Definitionen von »Produktionsweise« oder »Gesellschaftsformation« und selbst über die Abgrenzungen so fundamentaler Kategorien wie »Arbeiterklasse« und »Proletariat« nicht einig sind. Der Grund hierfür liegt darin, daß kein einziger der mit dem Namen Marx verbundenen Begriffe – Entfremdung, Ideologie, Klassentheorie, historischer Materialismus (ein erst von Engels geprägter, von Marx nie benutzter Terminus) oder dialektischer Materialismus (ein Begriff, der weder bei Marx noch bei Engels vorkommt, sondern von dem russischen Marxisten Georgij Plechanow stammt) – von Marx *eindeutig definiert wurde.* So hat es in den letzten Jahren im marxistischen Lager eine endlose Debatte über das Ausmaß der »positivistischen« Revision des frühen Marx durch Engels gegeben oder über die Frage, ob bei Marx zwischen den philosophischen Frühschriften und den späteren ökonomischen Untersuchungen ein Bruch festzustellen ist oder nicht usw. Diese Auseinandersetzungen sind für den nicht speziell interessierten Leser ermüdend.

Drei Bereiche gibt es, in denen sich neomarxistische Denker mit wesentlichen Fragen beschäftigt haben, und es ist sicherlich kein Zufall, daß dies weitgehend außerhalb der Sowjetunion und der kommunistischen Welt erfolgt ist, wo die marxistische

Theorie nur noch in einer versteinerten Form existiert. Im ersten geht es um eine Theorie des Staates, im zweiten um den Versuch, die Unklarheiten der Marxschen Wertlehre zu beseitigen, und im dritten um das Verhältnis von Kultur und Politik.

Der klassische Marxismus kannte zu keiner Zeit eine Theorie »des Staates«, und zwar einfach deshalb, weil alle politischen Parteiungen im Grunde genommen als Widerspiegelungen von grundlegenden gesellschaftlichen (d.h. Klassen-)Widersprüchen betrachtet wurden. In diesem umfassenden Sinne war Politik ebenso wie Ideologie und Kultur ein Epiphänomen und eine direkte oder indirekte »Widerspiegelung« der fundamentalen Klassengegensätze. »Der Staat« galt schlicht als Instrument der herrschenden Klasse. Die glänzendste Einzeluntersuchung von Marx, »Der 18. Brumaire des Louis Bonaparte«, hatte mit dem »Präzedenzfall« zu kämpfen, der die Theorie zu »falsifizieren« drohte: wie war es zu erklären, daß ein Abenteurer, der keine besondere Klasse vertrat und sich der Jeunesse dorée und des Lumpenproletariats von Paris bediente, durch eine Volksabstimmung die Macht erobern und auch behaupten konnte, indem er eine Klasse gegen die andere ausspielte? In seiner Erklärung für die Rolle von Louis Napoléon betonte Marx die Unterscheidung zwischen der Politik, in der sich die unterschiedlichen Interessen der »Klassenfraktionen« widerspiegeln können, und dem »zugrundeliegenden« materiellen System. Es war eine Unterscheidung, mit deren Hilfe Trotzki in seinem Buch *Die verratene Revolution* die Rolle Stalins (den er mit Louis Napoléon verglich) zu erklären versuchte: dieser verfügte über die politische Macht, während das »zugrundeliegende« System selbst sozialistisch war.

Das Problem der »Autonomie der Politik«, der unabhängigen Herrschaft eines Staates, der über den Interessen einzelner kapitalistischer Gruppen steht, oder auch der Herrschaft von Kapitalisten zur Rettung des Kapitalismus, hat neomarxistische Autoren wie Ralph Miliband und Nicos Poulantzas beschäftigt. Auffällig an ihren Arbeiten ist das Fehlen jeder empirischen oder historischen Analyse, so daß die »Debatten« hauptsächlich um Textauslegungen geführt werden und sehr akademisch geraten. Im Gegensatz zu den Schriften neotrotzkistischer Theoretiker (von dem verstorbenen Max Schachtman bis zu Ernest Mandel) ist die Rolle des Staates in den kommunistischen Ländern selbst kaum näher untersucht worden.[8]

Unter den marxistischen Ökonomen hat es zahlreiche Versuche gegeben, das verzwickte Problem der »Arbeitswerttheorie« und der Trennung von »Wert« und »Preis« zu lösen. Im Gefolge einer Veröffentlichung von Piero Sraffa, *Production of Commodities by Means of Commodities* (1960; dt. *Warenproduktion mittels Waren* 1968, 1976), haben einige Ökonomen wie Michio Morishima und Ian Steedman (z. B. in ihrem Buch *Marx After Sraffa*, London 1977) nach einem Weg gesucht, die Marxsche Ökonomie ohne ihren »metaphysischen Ballast« neuzubegründen. Dies sind jedoch spezialisierte und mathematische Ansätze, die sich dem Versuch einer knappen Zusammenfassung widersetzen.[9]

Auf dem dritten Gebiet, dem Verhältnis von Kultur und Politik, bestand die bedeutsame Entwicklung in der »Wiederentdeckung« der Schriften des italienischen Kommunistenführers Antonio Gramsci, eines ehemaligen Schülers von Benedetto Croce, der 1937 in einem faschistischen Gefängnis umkam. Gramscis zentrales Thema war die »Hegemonie« oder die Art und Weise, wie sich in den herrschenden Gedanken einer Zeit die herrschende Klasse widerspiegelte und den soziologischen und kulturellen Diskurs einer Gesellschaft formte. In dieser Hinsicht fanden die kulturelle Sphäre als eine wichtige Stätte ideologischer Konflikte und der Intellektuelle, der Träger von Ideologien, als eine wichtige Figur wieder neue Anerkennung. Ein Vulgärmarxist könnte behaupten, diese Theorie sei eine bequeme Ideologie für alle Intellektuellen, die sich nicht der Arbeiterklasse unterordnen wollen, während ein Nichtmarxist feststellen könnte, jene Gesellschaft, die das Musterbeispiel einer »Hegemonie« liefert, sei die der Sowjetunion, und gerade dort habe die Theorie Gramscis kaum Anwendung gefunden.

Die wichtigsten neomarxistischen Diskussionen haben sich allerdings in der Sozialphilosophie ergeben, und an ihnen waren Autoren beteiligt wie Georg Lukács, Jean-Paul Sartre, Louis Althusser, Max Horkheimer und Theodor W. Adorno – die beiden letztgenannten als die führenden Köpfe der »Frankfurter Schule«. Da die wesentlichen Weltanschauungen des Marxismus – das Verhältnis von Theorie und Praxis, von kritischer Vernunft und Geschichte – auf diesen philosophischen Debatten aufbauen, konzentriert sich das Kapitel über den Neomarxismus auf die Arbeiten dieser Autoren.

Auguste Comte hatte ursprünglich die Hoffnung gehegt, eine einheitliche Darstellung des menschlichen Wissens durch die Einheit der Wissenschaft vorzulegen, so wie Aristoteles zweitausend Jahre zuvor eine Darstellung der Einheit von Mensch und Natur versucht hatte mit Hilfe des Begriffs der Entelechie (die sich im Stoff verwirklichende Form, die im Organismus liegende Kraft, die seine Entwicklung und Vollendung bewirkt) und des Organon der Logik. Diese Hoffnung zeigt sich immer wieder. Einer der jüngsten Versuche in dieser Richtung (1939–1969) ging von Otto Neurath, Rudolf Carnap und Charles Morris aus, den Initiatoren einer *Encyclopedia of Unified Science*, und es ist paradox, daß eine Monographie dieser Reihe, *Die Struktur wissenschaftlicher Revolutionen* von Thomas Kuhn, mit ihrem Begriff des Paradigmenwechsels (entgegen den Absichten ihres Autors) mehr als jedes andere Werk in der gegenwärtigen Wissenschaftsgeschichte dazu beigetragen hat, in die Wissenschaftstheorie einen Relativismus einzuführen. Im großen und ganzen wurden solche Hoffnungen jedoch nicht nur vereitelt, sondern heute herrscht auch die Überzeugung vor, daß wir von ihrer Verwirklichung wohl weiter entfernt sind als je zuvor. Einige Gründe dafür werden in der vorliegenden Bestandsaufnahme bestimmter partieller Versuche und Ansätze angeführt. Der Hauptgrund liegt jedoch in bestimmten erkenntnistheoretischen Schwierigkeiten, die im Rahmen dieser Abhandlung nicht erörtert werden können.[10]

Die Fragen, die sich uns stellen, gehen bis auf die Anfänge der Philosophie zurück. Können wir von einer »Einheit der Natur« ausgehen? Unterliegen Mensch und Gesellschaft einer natürlichen Ordnung, so daß ihre »Natur« in zugrundeliegenden Gleichförmigkeiten oder unveränderlichen Handlungen aufgefunden werden kann? Nur wenige Philosophen sind ihrer Antwort sicher. Wir befinden uns heute in einem Zwischenstadium. Die Ablehnung des Positivismus, die »Historisierung« der Wissenschaftstheorie, der Aufstieg des Relativismus, der Verlust des Glaubens an eine Zukunft oder eine Geschichte als Ort der »Vernunft«, von dem aus die Gegenwart zu beurteilen wäre, das neu erwachte Interesse an einer »interpretativen« Sozialwissenschaft, deren Schwerpunkt weniger auf Kausalität und allgemeiner Theorie und mehr auf Sinn und Bedeutung liegt,[11] das alles deutet auf eine Räumung grundsätzlicher Positionen, die der bisherigen Gesellschaftstheorie zugrundegelegt wurden. Und es besteht kaum Einigkeit darüber, welche neue Richtung einzuschlagen ist. Dieser Stand der Sozialwissenschaften seit dem Zweiten Weltkrieg läßt manche verzweifeln, andere jedoch hoffen. Es heißt, Optimismus sei eine Philosophie und Pessimismus ein Charakterzug; der Leser muß sich selbst eine Meinung bilden.

Zu den Vergnügen eines Autors gehört die Widmung seines Buchs, zugleich eine Geste der Huldigung wie ein Akt der Identifizierung. Für jeden, der ihn kennt, war er als Gelehrter wie als Freund ein Vorbild. Deshalb ist es eine Freude für mich, dieses Buch über den Umfang und die theoretische Reichweite der Sozialwissenschaften nach dem Zweiten Weltkrieg Robert K. Merton, dem *magister ludi*, zu widmen.

Teil I

Im Februar 1971 veröffentlichten Karl W. Deutsch von der Universität Harvard und zwei seiner Mitarbeiter in der Zeitschrift *Science* eine Studie, in der sie 62 »Fortschritte in der Sozialwissenschaft« von 1900 bis 1965 aufzählten. Die Autoren wollten die Bedingungen für einen »schöpferischen Erfolg in den Sozialwissenschaften« erforschen – doch zuvor mußten sie erst einmal beweisen, daß es solche Erfolge überhaupt gegeben hatte.

Als Erfolgskriterien galten, daß eine Theorie oder ein Untersuchungsergebnis eine »neue Sichtweise von Zusammenhängen« zum Inhalt hatte, überprüfbare Behauptungen der Form »Wenn... dann« aufstellte oder »eine nachhaltige Wirkung (zeitigte), die zu weiteren Erkenntnissen geführt hat«. Nachdem sie ihre Liste fertiggestellt und ihre Kriterien mit denen von Autoren aus anderen Forschungsdisziplinen verglichen hatten, gelangten sie zu folgendem Ergebnis:

1. Es gibt so etwas wie sozialwissenschaftliche Errungenschaften und gesellschaftliche Erfindungen, die fast ebenso eindeutig definiert und ebenso in die Praxis umgesetzt werden können wie technische Errungenschaften und Erfindungen.
2. Diese Errungenschaften sind in der Regel das Resultat zielstrebiger und systematischer Forschungs- und Entwicklungsarbeiten von einzelnen oder Teams gewesen, die in einigen wenigen interdisziplinären Forschungsstätten bestimmte Probleme untersucht haben.
3. Diese Errungenschaften haben in überraschend kurzer Zeit allgemeine Anerkennung gefunden bzw. beträchtliche gesellschaftliche Auswirkungen gehabt. Im Durchschnitt vergehen hierbei 10 bis 15 Jahre, was dem Zeitraum entspricht, den auch bedeutsame technische Erfindungen benötigen, bis sie sich allgemein durchgesetzt haben.[1]

Auffällig an der Liste (siehe Tab. 1 und 2) ist die Tatsache, daß die frühen Erfolge rein theoretischer und – soziologisch gesprochen – weitgehend qualitativer Natur sind, etwa die auf Max Weber zurückgehende Bürokratietheorie, die Leninsche Theorie von der Rolle der Partei als Avantgarde im revolutionären Kampf oder die Psychoanalyse und Tiefenpsychologie von Freud, Jung und Adler; die späteren Fortschritte oder auch späteren Weiterentwicklungen früherer Ergebnisse (mit der fast einzigen Ausnahme des anthropologischen Strukturalismus von Lévi-Strauss) beruhen dagegen in der Hauptsache auf Innovationen mathematischer und statistischer Verfahren oder auf Theorien, die aus quantitativen Analysen abgeleitet sind, z. B. die Informationstheorie oder Wachstumsmodelle in der Ökonomie. So heißt es denn auch bei den Autoren:

»Zwei Drittel der Fortschritte beruhen auf quantitativen Problemen und/oder Ergebnissen, und zu fünf Sechsteln fallen sie in die Zeit nach 1930 (Tab. 1, Spalte 7). Rein qualitative Beiträge – das Erkennen neuer Muster ohne deutliche Implikation quantitativer Probleme – sind im gesamten Untersuchungszeitraum selten, ganz besonders nach 1930.«[2]

Dies ist sicherlich einer der Gründe, warum die Sozialwissenschaften nach 1940 erneut an Ansehen und Einfluß gewannen. Mit dem raschen Fortschreiten hochentwickelter Techniken, vor allem nach der Einführung des Computers, waren Theorien nicht länger bloße Spekulationen oder schöne Reden, sondern empirisch überprüfbare Aussagen. Abermals im Jargon ausgedrückt: die Sozialwissenschaften begannen, sich – im Sinne der Naturwissenschaften – zu einer »harten« Wissenschaft zu entwickeln.

Es kam noch ein zweiter Faktor hinzu – der Bonus der Naturwissenschaft aufgrund ihrer so entscheidenden Rolle während des Zweiten Weltkriegs. Um das Neuartige an dieser Situation zu ermessen, braucht man nur 25 Jahre zurückzugehen, in die Zeit des Ersten Weltkrieges. Damals war Thomas Alva Edison zum Vorsitzenden des Beratenden Ausschusses der Marine ernannt worden. Wie sein Biograph Matthew Josephson berichtet, war Edison der Meinung, dem Ausschuß müsse auch ein Physiker angehören, um mathematische oder statistische Probleme lösen zu können, falls solche auftreten sollten. Da in der Marine jedoch für Physiker keine eigene Gehaltsgruppe vorgesehen war, wurde der in den Ausschuß berufene Wissenschaftler als Chemiker geführt. Eine ähnliche Geschichte ist von James B. Conant überliefert, dem Präsidenten der Universität Harvard von 1935 bis 1955. Dieser war von Haus aus Chemiker und zum Zeitpunkt des Eintritts der USA in den Ersten Weltkrieg Präsident der American Chemical Society. In dieser Eigenschaft wandte er sich an den damaligen Kriegsminister Newton D. Baker, um seine eigenen und die Dienste der übrigen Mitglieder der Gesellschaft anzubieten. Baker dankte ihm für seinen Patriotismus und sagte zu, sich nach eventuellen Einsatzmöglichkeiten zu erkundigen. Als Conant jedoch eine Woche später erneut vorsprach, erhielt er zur Antwort, die Dienste der Gesellschaft würden nicht benötigt, da das Kriegsministerium bereits über eine genügende Anzahl von Chemikern verfüge.

Während des Zweiten Weltkrieges hingegen wurde im Rahmen des »Manhattanprojekts« die Atombombe gebaut; das Strahlungslabor am Massachusetts Institute of Technology (MIT) entwickelte das Radar (ursprünglich eine Erfindung der Engländer); der dringende Bedarf an »Zahlenfressern« beschleunigte die Entwicklung von Elektronikrechnern, und die Mobilisierung Tausender von Wissenschaftlern führte zu Hunderten von neuen kriegswichtigen Geräten.

Da lag der einfache Gedanke nahe: Wenn die allgemeine Mobilisierung der Naturwissenschaften und die Konzentration auf ganz bestimmte Ziele naturwissenschaftliche und technische Durchbrüche bewirkte, konnte da nicht auch eine vergleichbare Mobilisierung – die Bildung interdisziplinärer Forschungsteams – zu ähnlichen Ergebnissen in den Sozialwissenschaften führen? Immerhin gab es hierfür bereits ein erstes Beispiel: die Mobilisierung der Wirtschaft für den Krieg. Diese Erfahrung hatte eine

Vielfalt neuer Erkenntnisse in anderen Bereichen nach sich gezogen: die Planung der Produktion, die Allokation von Rohstoffen, neue psychologische Auslese- und Testverfahren, Methoden der psychologischen Kriegführung, Studien über die Aufrechterhaltung der Kampfmoral in der Armee und der Zivilbevölkerung sowie Dutzende von weiteren Projekten der organisierten Forschung. Warum sollte es nicht möglich sein, durch anhaltende und finanziell großzügig geförderte Bemühungen nunmehr die Entwicklung in den Sozialwissenschaften in derselben Weise voranzubringen wie in den Naturwissenschaften – insbesondere der Physik und Chemie – in den Jahren nach dem Ersten Weltkrieg?

Der dritte Faktor war zufälliger Art: der außergewöhnliche Ausbau der amerikanischen Universitäten nach dem Zweiten Weltkrieg. Zunächst drängten aufgrund der »GI-Bill« – eines Gesetzes, das den Staat dazu verpflichtete, den Kriegsveteranen die Kosten einer universitären Ausbildung zu erstatten – Millionen junger Männer an die Colleges und Universitäten der USA. Sodann machten sich die demographischen Wirkungen des Babybooms der ersten Nachkriegsjahre bemerkbar, der nach dem Abebben der ersten Welle eine neue Flut von Schülern und Studenten zur Folge hatte. Mit den wachsenden Studentenzahlen erhöhte sich auch die Zahl der Professoren und wissenschaftlichen Forscher.

Der vierte Faktor führte die drei ersten zusammen: In den auf den Zweiten Weltkrieg folgenden Jahrzehnten wurden die Vereinigten Staaten zu einer Weltmacht und sahen sich schließlich mit der Sowjetunion in einen Kalten Krieg um die politische Vorherrschaft verstrickt. Dadurch kam es auch zu einer Rivalität auf naturwissenschaftlichem Gebiet, insbesondere in der Weltraumforschung. Von der amerikanischen Regierung wurde jetzt erstmals ein umfangreiches Forschungs- und Entwicklungsprogramm in Angriff genommen, zusätzlich noch unterstützt von den großen Stiftungen des Landes. Die Regierung benötigte

Auslandsspezialisten, die mit den politischen und wirtschaftlichen Verhältnissen in der Sowjetunion, China, Südostasien, Afrika, Nahost, Lateinamerika usw. sowie mit den entsprechenden Landessprachen vertraut waren. Die Militärs brauchten nicht nur Waffenexperten, sondern auch Fachkräfte für Systemanalyse und Operations Research sowie für die neuartige detaillierte logistische Planung. Universitäten und Unternehmen hatten einen großen Bedarf an Spezialisten, vor allem auf den Gebieten der Ökonomie, Psychologie und Politikwissenschaft, wo die Expansion am stärksten war.

Schließlich lenkte die Wiederentdeckung sozialer Probleme besonders in den 60er Jahren erneut das Interesse auf die Sozialwissenschaften. Auf Diskriminierung, Armut, zerrüttete Familien, miserable Wohnverhältnisse, Rassenunruhen, Umweltprobleme und ähnliches mehr reagierten die Regierungen unter Kennedy und Johnson ungewöhnlich schnell mit Sozialprogrammen, die den »fachlichen Rat« der Sozialwissenschaften benötigten.

Aus allen diesen Gründen standen die Sozialwissenschaften in den vergangenen drei Jahrzehnten weit mehr im Rampenlicht des öffentlichen Interesses und der allgemeinen Erwartungen als je zuvor in ihrer gesamten – zugegebenermaßen kurzen – Geschichte.[3]

Nichts von alledem wäre ohne die Überzeugung möglich gewesen, daß diese Disziplinen tatsächlich eine ganze Reihe geistiger Fortschritte zu verzeichnen hatten und zum erstenmal über das Rüstzeug verfügten, weitere Erkenntnisse theoretischer wie praktischer Art zutage zu fördern. Obwohl der Grundstein für zahlreiche institutionelle Neuorganisationen und bahnbrechende Erkenntnisse der Sozialwissenschaften noch vor 1945 gelegt wurde, haben sie ihr öffentliches Prestige und ihr Selbstbewußtsein erst in der Nachkriegsära erworben. So ist es gerechtfertigt, die Zeitspanne von 1945 bis 1970 als eine zusammenhängende Periode zu begreifen, deren Verheißungen – in Spezialdisziplinen,

Tabelle 1: Grundlegende Innovationen in den Sozialwissenschaften von 1900 bis 1965

Abkürzungen in Spalte 1: An (Anthropologie), Math (Mathematik), Ök (Ökonomie), Phil (Philosophie, Logik und Wissenschaftsgeschichte), Pol (Politikwissenschaft), Psy (Psychologie), Soz (Soziologie).

Beitrag 1	Autor 2	Zeit 3	Ort 4
1. Theorie und Messung gesellschaftlicher Ungleichheit (Ök)	V. Pareto C. Gini	1900 1908	Lausanne Cagliari Padua Rom
2. Soziologie der Bürokratie, Kultur und Werte (Soz)	M. Weber	1900–21	Freiburg Heidelberg München
3. Theorie der Einparteienorganisation und der Revolution (Pol)	V. I. Lenin	1900–17	Schuschentskoje London München
4. Psychoanalyse und Tiefenpsychologie (Psy)	S. Freud C. G. Jung A. Adler	1900–25 1910–30 1910–30	Wien
5. Korrelationsanalyse und Gesellschaftstheorie (Math)	K. Pearson F. Edgeworth R. A. Fisher	1900–28 1900–30 1920–48	London Oxford Cambridge Harfenden
6. Schrittweise gesellschaftliche Transformation (Soz)	B. Webb S. Webb G. B. Shaw H. G. Wells	1900–38	London
7. Elitestudien (Soz)	G. Mosca V. Pareto H. D. Lasswell	1900–23 1900–16 1936–52	Turin Lausanne Chicago
8. Einheit von Logik und Mathematik (Phil)	B. Russell A. N. Whitehead	1905–14	Cambridge
9. Pragmatische und Verhaltenspsychologie (Psy)	J. Dewey G. H. Mead C. Cooley W. I. Thomas	1905–25 1900–34 1900–30 1900–40	Ann Arbor Chicago Ann Arbor Chicago New York

In Spalte 6 bedeutet »+ N« eine größere Anzahl von Mitarbeitern ohne wesentlichen Anteil an der Innovation. Abkürzungen in Spalte 7: QFE = explizite quantitative Ergebnisse; QPE = explizite quantitative Probleme; QPI = implizite quantitative Probleme; Non-Q = überwiegend qualitativ.

Institutionelle Unterstützung 5	Anzahl der Beteiligten 6	Quantitative Aspekte 7	Zeitraum bis zur Auswirkung 8
Universitätslehrstühle	1 + N	QFE	25
Universitätslehrstuhl und Forschungsstipendium	1	QPI	20 ± 10
Untergrundpartei	1 + N	QPI	10 ± 5
Universitätsinstitut	1 + N	Non-Q	30 ± 10
Universitätslehrstühle	1 + N	QFE	25 ± 15
Fabian society	4 + N	QPE	35 ± 5
Universitätsinstitute	1 + N	QFE	40 ± 10
Universitätsinstitut	2	QPE	30
Universitätslehrstühle	1	Non-Q	20 ± 10

Abkürzungen in Spalte 1: An (Anthropologie), Math (Mathematik), Ök (Ökonomie), Phil (Philosophie, Logik und Wissenschaftsgeschichte), Pol (Politikwissenschaft), Psy (Psychologie), Soz (Soziologie).

Beitrag 1	Autor 2	Zeit 3	Ort 4
10. Lerntheorie (Psy)	E. L. Thorndike	1905–40	New York
	C. Hull u. a.	1929–40	New Haven
11. Intelligenztests (Psy)	A. Binet	1905–11	Paris
	L. Terman	1916–37	Stanford
	C. Spearman	1904–27	London
12. Rolle von Innovationen für den sozioökonomischen Wandel (Ök)	J. A. Schumpeter	1908–14	Wien
		1946–50	Cambridge (USA)
	W. F. Ogburn	1922–30	New York
	A. P. Usher	1924	Cambridge (USA)
	J. Schmookler	1966	Minneapolis
13. Konditionierte Reflexe (Psy)	I. Pavlov	1910–30	Leningrad
14. Gestaltpsychologie (Psy)	M. Wertheimer	1912–32	Berlin
	K. Koffka		
	W. Koehler		
15. Soziometrie und Soziogramme (Soz)	J. L. Moreno	1915	Innsbruck
		1934–43	
16. Sowjet. Typus des Einparteienstaats (Pol)	V. I. Lenin u. a.	1917–21	Leningrad
17. Massenhaftes, gewaltloses politisches Handeln (Pol)	M. K. Gandhi	1918–34	Ahmedabad
18. Zentrale Wirtschaftsplanung (Ök)	Q. Krassin	1920–26	Moskau
	G. Grinko		
19. Soziale Wohlfahrtsfunktion in Politik und Ökonomie (Ök)	A. C. Pigou	1920–56	London
	K. Arrow	1951	Stanford
20. Logischer Empirismus und Einheit der Wissenschaft (Phil)	M. Schlick	1921–38	Wien
	R. Carnap		
	O. Neurath		
	P. Frank		
	L. Wittgenstein		Cambridge
	H. Reichenbach	1921	Berlin
	C. Morris	1936–50	Chicago
			Cambridge (USA)
21. Quantitative mathematische Kriegsstudien (Pol)	L. F. Richardson	1921–55	London
	Q. Wright	1936–66	Chicago

In Spalte 6 bedeutet »+ N« eine größere Anzahl von Mitarbeitern ohne wesentlichen Anteil an der Innovation. Abkürzungen in Spalte 7: QFE = explizite quantitative Ergebnisse; QPE = explizite quantitative Probleme; QPI = implizite quantitative Probleme; Non-Q = überwiegend qualitativ.

Institutionelle Unterstützung 5	Anzahl der Beteiligten 6	Quantitative Aspekte 7	Zeitraum bis zur Auswirkung 8
Lehrerkolleg und Forschungsinstitut	1 + N	QFE	20 ± 5
Testorganisationen	1 + N	QFE	15 ± 5
Universitätslehrstuhl und Forschungsprogramm	1 + N	QPI	40
Medizinische Akademie	1 + N	QPI	20 ± 10
Universitätslehrstühle	3 + N	Non-Q	25 ± 5
Universitätslehrstuhl	1	QFE	10
Politbüro	1 + N	QPI	5 ± 5
Aschram und politische Bewegung	1 + N	Non-Q	15 ± 10
Staatliches Institut	1 + N	QFE	7 ± 6
Universitätslehrstühle	1 + N	QPE	40 ± 10
Universitätslehrstühle	3 + N	QPI	20 ± 5
Universitätslehrstuhl und Forschungsprogramm	1 + N	QFE	25 ± 10

Abkürzungen in Spalte 1: An (Anthropologie), Math (Mathematik), Ök (Ökonomie), Phil (Philosophie, Logik und Wissenschaftsgeschichte), Pol (Politikwissenschaft), Psy (Psychologie), Soz (Soziologie).

Beitrag	Autor	Zeit	Ort
1	2	3	4
22. Projektive Tests (Psy)	H. Rorschach H. Murray	1923	Herisau Cambridge (USA)
23. Wissenssoziologie (Soz)	K. Mannheim	1923–33	Heidelberg Frankfurt
	R. K. Merton	1937	Princeton
	D. de S. Price	1950–60	New Haven
24. Quantitative politische Wissenschaft und grundlegende Theorie (Pol)	C. Merriam S. Rice H. Gosnell H. D. Lasswell	1925–36	Chicago
25. Funktionalistische Anthropologie und Soziologie (An)	A. R. Radcliffe-Brown	1925	Kapstadt Sidney Chicago Oxford
	B. Malinowski	1925–45	London
	T. Parsons	1932–50	Cambridge (USA)
26. Ökosystemtheorie (Soz)	R. Park E. W. Burgess	1926–38	Chicago
27. Faktorenanalyse (Math)	L. Thurstone	1926–48	Chicago
28. Operationale Definitionen (Phil)	P. W. Bridgman	1927–38	Cambridge (USA)
29. Strukturale Linguistik (Math)	R. Jakobson und Prager Kreis	1927–67	Brünn Cambridge (USA)
	N. Chomsky	1957–	Cambridge (USA)
30. Spar-/Konsumneigung, Beschäftigungsquote und Fiskalpolitik (Ök)	J. M. Keynes	1928–44	Cambridge
31. Spieltheorie (Math)	J. v. Neumann	1928–44	Berlin
	O. Morgenstern	1944–58	Princeton
32. Organisation der Bauern und des Guerillakriegs (Pol)	Mao Tse-tung	1929–49	Kiangsi Yenan Peking
33. Gemeindestudien (Soz)	R. Lynd H. Lynd	1929–62	New York
	L. Warner C. Kluckhohn	1941	Chicago

In Spalte 6 bedeutet »+ N« eine größere Anzahl von Mitarbeitern ohne wesentlichen Anteil an der Innovation. Abkürzungen in Spalte 7: QFE = explizite quantitative Ergebnisse; QPE = explizite quantitative Probleme; QPI = implizite quantitative Probleme; Non-Q = überwiegend qualitativ.

Institutionelle Unterstützung 5	Anzahl der Beteiligten 6	Quantitative Aspekte 7	Zeitraum bis zur Auswirkung 8
Kantonale Psychiatrie Universitätslehrstuhl	1	Non-Q	15 ± 5
Universitätslehrstühle, -institute und -programme	1 + N	Non-Q	10
Universitätslehrstühle	3 + N	QFE	15 ± 5
Universitätslehrstühle und Auslandsstipendien	1 + N	Non-Q	20 ± 10
Universitätslehrstühle	2 + N	QFE	25 ± 5
Universitätslehrstuhl	1 + N	QFE	15 ± 10
Universitätslehrstuhl	1	QPI	15 ± 5
Universitätslehrstühle und -programme	1 + N	QPE	20 ± 10
Universitätslehrstuhl	1 + N	QFE	6 ± 4
Universitätslehrstühle und -institut	2 + N	QFE	10 ± 5
Politische Bewegung	1 + N	QPI	15 ± 10
Universitätslehrstühle	2	QFE	20 ± 5

Abkürzungen in Spalte 1: An (Anthropologie), Math (Mathematik), Ök (Ökonomie), Phil (Philosophie, Logik und Wissenschaftsgeschichte), Pol (Politikwissenschaft), Psy (Psychologie), Soz (Soziologie).

Beitrag 1	Autor 2	Zeit 3	Ort 4
34. Kultur und Persönlichkeit, Vergleichende Studien über Kindererziehung (An)	R. Benedict	1930	New York
	M. Mead	1930	
	G. Gorer		
	A. Kardiner	1939	
	J. Piaget	1940–60	Genf
	E. Erikson	1950	Cambridge (USA)
	J. Whiting	1953	Cambridge (USA)
	I. Child		New Haven
35. Theorie des monopolistischen Wettbewerbs (Ök)	E. H. Chamberlin	1930–33	Cambridge (USA)
	J. Robinson		Cambridge
36. Autoritäre Persönlichkeit und Familienstruktur (Psy)	M. Horkheimer	1930–32	Frankfurt
	H. Marcuse		
	E. Fromm		
	T. Adorno u. a.	1950	Stanford
	A. Mitscherlich	1962	Frankfurt
			Heidelberg
37. Große Stichproben in der Sozialforschung (Math)	M. Hansen	1950–53	Washington
38. Laboruntersuchungen an Kleingruppen (Psy)	K. Lewin	1932–36	Cambridge (USA)
	R. Lippitt		
	R. Likert		
	D. Cartwright		
39. Volkswirtschaftliche Gesamtrechnung (Ök)	S. Kuznets	1933–40	Philadelphia
	C. Clark		Cambridge (USA)
	U. N. Statistical Office	1953	Washington New York
40. Allgemeine Systemanalyse (Phil)	L. v. Bertalanffy	1936	Wien
	N. Rashevsky		Chicago
	J. G. Miller	1956	Ann Arbor
	A. Rapoport		
	R. W. Gerard		
	K. Boulding		
41. Messung von Einstellungen und Meinungsumfragen (Psy)	G. Gallup	1936	Princeton
	H. Cantril	1937–52	
	P. F. Lazarsfeld	1940	New York
	A. Campbell	1942	Ann Arbor

In Spalte 6 bedeutet »+ N« eine größere Anzahl von Mitarbeitern ohne wesentlichen Anteil an der Innovation. Abkürzungen in Spalte 7: QFE = explizite quantitative Ergebnisse; QPE = explizite quantitative Probleme; QPI = implizite quantitative Probleme; Non-Q = überwiegend qualitativ.

Institutionelle Unterstützung 5	Anzahl der Beteiligten 6	Quantitative Aspekte 7	Zeitraum bis zur Auswirkung 8
Universitätslehrstühle, Forschungsprogramme und Auslandsstipendien	3 + N	Non-Q	20 ± 10
Universitätslehrstühle	1	QPE	10 ± 5
Universitätslehrstühle Institut für Sozialforschung	3 + N	QPI	20 ± 5
Regierungsbehörde	N	QFE	5
Universitäts- und Forschungsinstitut	1 + N	QPI	10 ± 5
Öffentliche Forschungsinstitute und Universitätslehrstühle	1 + N	QFE	10 ± 5
Universitäre Forschungsinstitute	4 + N	QPI	15 ± 5
Universitäts- und Forschungsinstitute, kommerzielle Organisationen	3 + N	QFE	5

Abkürzungen in Spalte 1: An (Anthropologie), Math (Mathematik), Ök (Ökonomie), Phil (Philosophie, Logik und Wissenschaftsgeschichte), Pol (Politikwissenschaft), Psy (Psychologie), Soz (Soziologie).

Beitrag	Autor	Zeit	Ort
1	2	3	4
42. Input-Output-Analyse (Ök)	W. Leontief	1936–53	Cambridge (USA)
43. Lineare Programmierung (Planungsrechnung; Ök)	L. Kantorovich	1938–50	Leningrad
	J. B. Souto	1941	Buenos Aires
	G. B. Dantzig	1948	Washington
	R. Dorfman	1958	Berkeley
44. Inhaltsanalyse (Pol)	H. Lasswell	1938–56	Chicago
	I. de S. Pool		
	B. Berelson		
	P. Stone	1961–66	Cambridge (USA)
45. Operantes Konditionieren und Lernen; Lernmaschinen (Psy)	B. F. Skinner	1938–58	Bloomington Cambridge (USA)
46. Statistische Entscheidungstheorie (Math)	A. Wald	1939–50	New York
47. Operations Research und Systemanalyse (Math)	P. M. S. Blackett	1941–50	London
	P. Morse	1941–58	Cambridge (USA)
	R. Bellman		
48. Skalierungstheorie (Psy)	L. Guttman	1941–54	Ithaca
	C. Coombs		Ann Arbor
49. Quantitative Nationalismus- und Integrationsmodelle (Pol)	K. Deutsch	1942–67	Cambridge (USA)
	B. Bussett		New Haven
	R. L. Merritt		
50. Theorien der wirtschaftlichen Entwicklung (Ök)	P. Rosenstein-Rodan	1943–58	London
	R. Prebisch		Santiago
	R. Nurkse		New York
	W. A. Lewis		Manchester
	G. Myrdal		Stockholm
	A. O. Hirschman		New Haven
	R. F. Harrod		Oxford
	E. Domar		Baltimore
	H. Chenery		Stanford
51. Computerentwicklung (Math)	V. Bush	1943–58	Cambridge (USA)
	S. Caldwell		
	D. P. Eckert		Philadelphia
	J. W. Mauchly		

In Spalte 6 bedeutet »+ N« eine größere Anzahl von Mitarbeitern ohne wesentlichen Anteil an der Innovation. Abkürzungen in Spalte 7: QFE = explizite quantitative Ergebnisse; QPE = explizite quantitative Probleme; QPI = implizite quantitative Probleme; Non-Q = überwiegend qualitativ.

Institutionelle Unterstützung 5	Anzahl der Beteiligten 6	Quantitative Aspekte 7	Zeitraum bis zur Auswirkung 8
Universitätslehrstuhl	1 + N	QFE	15
Universitäre Forschungsinstitute und Regierungsbehörde	1 + N	QFE	10 ± 5
Universitätsinstitut	2	QFE	10
Universitätslehrstühle	1 + N	QPE	15
Universitätslehrstuhl	1 + N	QPE	15 ± 5
Staatliche Forschungsinstitute	N	QPE	5
Universitätslehrstühle	3 + N	QFE	10 ± 5
Universitätslehrstühle	1 + N	QFE	20 ± 5
Regierungsbehörden Regionalkommission der U. N. Universitätslehrstühle	6 + N	QFE	10 ± 5
staatliche und universitäre Forschungslabors	N	QFE	10 ± 5

Abkürzungen in Spalte 1: An (Anthropologie), Math (Mathematik), Ök (Ökonomie), Phil (Philosophie, Logik und Wissenschaftsgeschichte), Pol (Politikwissenschaft), Psy (Psychologie), Soz (Soziologie).

Beitrag 1	Autor 2	Zeit 3	Ort 4
52. Multivarianzanalyse in der Anwendung auf die Gesellschaftstheorie (Soz)	S. Stouffer T. W. Anderson P. Lazarsfeld	1944–54	Washington Cambridge (USA) New York
53. Informationstheorie, Kybernetik und Feedback-Systeme (Math)	C. Shannon N. Wiener	1944–58	Cambridge (USA) Orange (USA)
54. Ökonometrie (Ök)	J. Tinbergen P. Samuelson E. Malinvaud	1935–40 1947 1964	Den Haag Cambridge (USA) Paris
55. Kognitive Dynamik der Wissenschaft (Phil)	J. B. Conant I. B. Cohen T. Kuhn D. de S. Price	1946–64	Cambridge (USA) Berkeley New Haven
56. Computersimulation ökonomischer Systeme (Ök)	L. Klein G. Orcutt	1947–60	Philadelphia Madison
57. Strukturalismus in Anthropologie und Sozialwiss. (An)	C. Lévi-Strauss	1949–66	Paris
58. Hierarchische Entscheidungsmodelle für Computer (Math)	H. Simon	1950–65	Pittsburgh
59. Kosten-Nutzen-Analyse (Budgetplanung; Pol)	C. Hitch	1956–65	Santa Monica
60. Computersimulation sozialer und politischer Systeme (Pol)	W. McPhee H. Simon A. Newell I. Pool R. Abelson	1956–66 1958–64	Pittsburgh Cambridge (USA) New Haven
61. Konflikttheorie und Spiele mit variabler Spielsumme (Psy)	A. Rapoport	1960–	Ann Arbor
62. Stochastische Modelle sozialer Prozesse (Math)	J. S. Coleman	1965	Baltimore

In Spalte 6 bedeutet »+ N« eine größere Anzahl von Mitarbeitern ohne wesentlichen Anteil an der Innovation. Abkürzungen in Spalte 7: QFE = explizite quantitative Ergebnisse; QPE = explizite quantitative Probleme; QPI = implizite quantitative Probleme; Non-Q = überwiegend qualitativ.

Institutionelle Unterstützung 5	Anzahl der Beteiligten 6	Quantitative Aspekte 7	Zeitraum bis zur Auswirkung 8
Staatliche und universitäre Forschungsinstitute	3 + N	QFE	5
Universitäres Forschungsinstitut und Bell Laboratories	2 + N	QFE	10 ± 5
Staatliches Institut und Universitätslehrstühle	1 + N	QFE	10 ± 5
Universitätslehrstühle	3 + N	Non-Q	15
Forschungsinstitute	2 + N	QFE	5
Staatliches Museum	1 + N	QPI	15 ± 5
Universitäres Forschungsinstitut	1 + N	QPE	10
Halbstaatliches Forschungsinstitut	3 + N	QFE	7
Universitätslehrstühle und Forschungsinstitute	2 + N	QPE	5 ± 3
Universitäres Forschungsinstitut	1 + N	QFE	2
Universitäres und privates Forschungsinstitut	1 + N	QFE	5

Tabelle 2: Bedeutsame sozialwissenschaftliche Beiträge nach Forschungsbereichen und Schwerpunkten

Bereich	Gesamt		Wichtige Beiträge		theoretisch		methodologisch		empirisch
bis 1965	1900 bis 1929	1900 bis 1965	1930 bis 1929	1900 bis 1965	1930 bis 1929	1900 bis 1965	1930 bis 1929	1900 bis 1965	1930
Psychologie	13	7	6	6	3	6	6	6	6
Ökonomie	12	5	7	4	5	4	6	5	7
Politik	11	7	4	7	2	2	4	4	4
Mathemat. Statistik	11	4	7	2	5	4	7	4	6
Soziologie	7	6	1	4	1	5	1	6	1
Philosophie	5	3	2	3	2	2	2	0	1
Anthropologie	3	1	2	1	2	0	2	1	2
Gesamt	62	33	29	27	20	23	28	26	27

in Methodologie und Forschungstechniken sowie in Sozialprogrammen – darauf hindeuteten, daß die Sozialwissenschaften den Kinderschuhen entwachsen waren. Angesichts der Tatsache, daß – wie wir noch sehen werden – viele der damaligen Versprechen nicht eingelöst wurden, ist es wohl zweckmäßig, diese darzustellen, auch wenn dies notgedrungen nur schematisch erfolgen kann.

Ökonomie

In den Jahrzehnten nach dem Zweiten Weltkrieg, besonders unter der Präsidentschaft Kennedy Anfang der 60er Jahre, galten Nationalökonomen als diejenigen, die nicht nur im Hinblick auf das Führen der Wirtschaft, sondern auch auf andere gesellschaftliche Programme »die richtigen Antworten« hatten. Die symbolische Anerkennung des hohen Rangs der Nationalökonomie erfolgte 1968, als ein »Preis für Wirtschaftswissenschaften zu Ehren A. Nobels« gestiftet und 1969 gemeinsam an den Norweger Ragnar Frisch und den Holländer Jan Tinbergen für ihre unabhängigen Leistungen auf dem Gebiet der Ökonometrie verliehen wurde (die ersten Nobelpreise wurden 1901 vergeben).

Sechs Bereiche gab es, in denen die Nationalökonomen in dieser Zeit ständig Fortschritte verzeichnen konnten:

a) *Die Keynesianische Revolution.* In einem liebenswürdigen Rückblick auf seinen akademischen Werdegang als Wirtschaftswissenschaftler schrieb Paul Samuelson, ebenfalls ein Nobelpreisträger: »Die große Romanze im Leben eines jeden Nationalökonomen meiner Generation war zwangsläufig die Keynesianische Revolution ... Die Wirtschaftswissenschaft selbst lag in einem Dornröschenschlaf und wartete auf den Erweckungskuß von John Maynard Keynes.«[4] Und in einem Nachruf auf Keynes bemerkte er 1946: »... Heutige Studenten der Nationalökonomie können sich kaum vorstellen, welche Wirkung die zu Recht so bezeichnete ›Keynesianische Revolution‹ auf diejenigen unter uns ausgeübt hat, die ihre Ausbildung in der orthodoxen Tradition erhalten hatten. Was dem Anfänger heutzutage häufig banal und offenkundig erscheint, war für uns verwirrend, neuartig und ketzerisch ... Die *Allgemeine Theorie* ... ergriff die meisten Ökonomen unter 35 Jahren mit der unerwarteten Virulenz einer Krankheit, von der ein isoliert lebender Stamm von Südseeinsulanern erst befallen und dann dezimiert wird. Wirtschaftswissenschaftler über 50 schienen gegen den Bazillus völlig immun zu sein ...«[5]

Das Kernstück der Keynesschen Theorie, soweit sie die staatliche Politik betrifft, besagt, daß das kapitalistische System nach einer wirtschaftlichen Depression nicht automatisch zu seinem wirtschaftlichen Gleichgewicht zurückkehrt (d.h. sich nicht von selbst wieder erholt), auch nicht am Ende einer Überproduktionskrise oder nach einem Sinken der Geldlöhne (ein Fall, der sowieso unwahrscheinlich ist), daß dieses Gleichgewicht jedoch durch staatliche Interventionsmaßnahmen wiederhergestellt werden kann. Die Keynessche Diagnose enthielt zwei wesentliche Aussagen. Erstens werden Ersparnisse innerhalb des Systems auch bei hohem Zinsniveau nicht automatisch zu Investitionen. Und zweitens hängt der Grad wirtschaftlicher Aktivität und damit das Beschäftigungsniveau von der Höhe der Gesamtnachfrage ab. Daraus ergibt sich jenes Keynessche Rezept, das wir heute als »Nachfragesteuerung« bezeichnen. Diese erfolgt über die Haushaltspolitik des Staates, genauer gesagt über die Höhe der Steuern und der staatlichen Ausgaben.

b) *Volkswirtschaftliche Gesamtrechnung*. Der Begriff des Bruttosozialprodukts ist so schnell in den allgemeinen Wortschatz eingegangen, daß man sich kaum vorstellen kann, wie jung der Terminus eigentlich ist. Die Erhebung wirtschaftlicher Daten zur Erstellung einer volkswirtschaftlichen Gesamtrechnung und der Berechnung des Bruttosozialprodukts wurde erstmals von Präsident F. D. Roosevelt in seiner Haushaltsrede 1945 vorgeschlagen. Die theoretischen und empirischen Vorarbeiten hierzu wurden jedoch schon in den 30er Jahren von Simon Kuznets (dem Nobelpreisträger von 1971) in Pennsylvania und von Colin Clark im englischen Cambridge in Angriff genommen.

Das Bruttosozialprodukt ist einfach die Gesamtheit der in Geld bewerteten Güter und Dienstleistungen, die während eines Jahres von einer Volkswirtschaft produziert bzw. aufgebracht werden. Seine Bestimmung kann auf zweierlei Art erfolgen: entweder als die Gesamtnachfrage nach Gütern und Dienstleistungen auf allen Produktionsstufen – von den Rohstoffen bis zu den Fertigprodukten –, ausgedrückt in den Preisen für diese Güter und Dienstleistungen; oder als die Summe der an die Produzenten der Güter und Dienstleistungen gezahlten Löhne und Gehälter. Im Endergebnis müssen beide Summen gleich sein.

Die volkswirtschaftliche Gesamtrechnung läßt sich als die Gesamtheit der Bausteine des volkswirtschaftlichen Systems verstehen. Aus ihnen läßt sich ablesen, welche Anteile des Sozialprodukts für landeseigene oder importierte Rohstoffe aufgewendet werden, wie hoch die Kosten für die Weiterverarbeitung von Gütern (samt Dienstleistungen) sind, und auf welchen Betrag sich die Gesamtnachfrage beläuft. Für jede Produktionsstufe läßt sich der hinzugefügte Wert berechnen. Auf der anderen Seite des Hauptbuchs können wir den Anteil des Bruttosozialprodukts bestimmen, der für den privaten Verbrauch aufgewendet wird, der als Steuern an den Staat fließt oder von Unternehmen investiert wird usw.

Die Zahlen für jedes Jahr geben den Stand der Wirtschaftstätigkeit an; Vergleiche zwischen den Zahlen aufeinanderfolgender Jahre ermöglichen die Berechnung von Wachstumsraten, Produktivitätsziffern usw. Da jedes größere Unternehmen bis zu einem gewissen Grad vorausplant – im Hinblick auf Kapitalerweiterung, Lagerhaltung, Umfang des Betriebskapitals, Personalbestand etc. –, haben Prognosen über das Bruttosozialprodukt zweifellos einen Einfluß auf dessen Einschätzung der wirtschaftlichen Lage und die daraus resultierenden Planungen und Entscheidungen. Für die Regierung ist die volkswirtschaftliche Gesamtrechnung das grundlegende Instrument zur Bestimmung des Beschäftigungsniveaus, der ungenutzten Kapazitäten der Wirtschaft und des zu erwartenden Niveaus der Wirtschaftstätigkeit, um aus diesen Ziffern Leitwerte für Arbeitslosenquoten, Wachstums- und Inflationsraten zu gewinnen.

c) *Input-Output-Analyse.* Diese Methode wurde von Wassili Leontief entwickelt (dem Nobelpreisträger von 1973) und ermöglicht einen Blick auf die »Physiologie« des wirtschaftlichen Systems eines Staates. Eine Input-Output-Tabelle zeigt die Beziehungen innerhalb der Industrie sowie die Auswirkungen der Input-/Output-Veränderungen der einzelnen Industriezweige auf alle anderen.

Diese Tabelle, deren Grundgedanke auf das *Tableau Economique* der Physiokraten in der zweiten Hälfte des 18. Jahrhunderts zurückgeht, besteht aus einer quadratischen Matrix von je 81 Zeilen und Spalten mit insgesamt 6561 Kästchen, die in ihrer Gesamtheit das »Bienenhaus« der Volkswirtschaft bilden. Jede Zeile steht für einen Wirtschaftszweig, und aus der Tabelle ergeben sich die zwischen ihnen bestehenden Güter- und Geldströme, die das hochkomplexe System im Innersten zusammenhalten.

Für die Analyse werden die 81 Wirtschaftszweige in sieben Grundsektoren zusammengefaßt, z. B. unverarbeitete Metalle (u. a. Stahl), unverarbeitete Nichtmetalle (u. a. Glas, Papier, Holz, Kunststoff), Energie (u. a. Kohle, Öl, Erdgas), Endprodukte aus Metall (z. B. Automobile, Flugzeuge), Fertigprodukte aus Nichtmetall (z. B. Schuhe, Kleidung, Möbel) usw. Außerdem befinden sich am rechten Rand der Tabelle zehn Spalten, in denen diese interindustriellen Transaktionen in das Bruttosozialprodukt integriert werden, z. B. der private Verbrauch innerhalb der einzelnen Wirtschaftszweige, das Investitionsaufkommen, neue Betriebsanlagen usw. In zwei Zeilen am anderen

Ende der Tabelle werden die Importe sowie die Wertsteigerungen in den einzelnen Wirtschaftszweigen aufgeführt.

In jedem Kästchen steht eine Anzahl von Input-Output-Koeffizienten. Auf diese Weise läßt sich mit einem Blick der Quotient aus dem Geldzufluß zur Einzelbranche zum Output des gesamten Sektors berechnen, zu dem diese Branche gehört.

Wie man sich vorstellen kann, erfordert die Berechnung der interindustriellen Transaktionen, des Wertzuwachses bei der Weiterverarbeitung oder des Verhältnisses des Inputs jedes Kästchens zum Gesamtinput des Sektors einen immensen Aufwand. Als Leontief sich Ende der 30er Jahre an die Arbeit machte, brauchte er etwa fünf Jahre, um eine solche Tabelle für die amerikanische Wirtschaft zu erstellen, ein Aufwand, der das Verfahren hauptsächlich zu einem Instrument der nachträglichen Analyse machte. Mit der Einführung von Hochgeschwindigkeitsrechnern wurde die Input-Output-Analyse hingegen zu einem wichtigen Hilfsmittel für die Planung und Analyse. So war es möglich, mit einer vollständigen Tabelle relativ mühelos auszurechnen, welche Auswirkungen eine Verfünffachung des Ölpreises auf *alle übrigen* Wirtschaftszweige und -sektoren haben würde. Auf diese Weise ist es mit Hilfe der Input-Output-Analyse möglich, die Auswirkungen von wirtschaftspolitischen Maßnahmen oder anderen wirtschaftlichen Entscheidungen auf die »Physiologie« des Gesamtsystems zu verfolgen.

d) *Mathematische Analyse und ökonometrische Modelle.* Die mathematische Analyse bringt in erster Linie die *Beziehungen zwischen Variablen* (z. B. zwischen Konsum und Investitionen, Löhnen und Preisen) in algebraischer oder einer anderen mathematischen Schreibweise zum Ausdruck. Sie arbeitet nicht notwendig mit Zahlen oder Beträgen, d. h. mit den absoluten Größen dieser Variablen. Der Forscher sucht vielmehr nach einer präzisen Methode, diese Beziehungen auf eine Formel zu bringen und mathematischen Operationen zu unterziehen, um festzustellen, wie sie sich unter angenommenen Bedingungen verändern. Die Ökonometrie beginnt mit der statistischen *Zusammenfassung von Größen*, d. h. Summen bestimmter Indizes oder Variablen gehen zuerst als Koeffizienten oder Größen in das volkswirtschaftliche Modell ein, bevor dieses dann in eine mathematische Form gebracht wird.

Die Mathematik hat eine lange Geschichte in der Wirtschaftswissenschaft. Als William Stanley Jevons seine Grenznutzentheorie vorstellte, gebrauchte er die Differentialrechnung, um die zunehmenden Preisänderungen zu berechnen. Auch Léon Walras benutzte in seinem 1874 erschienenen Werk *Eléments d'économie politique pure* die Mathematik, um seine allgemeine Theorie des wirtschaftlichen Gleichgewichts zu beweisen, d. h. zu zeigen, auf welche Weise relative Preise den Absatz sämtlicher Güter auf allen Märkten gleichzeitig bewirken. Im allgemeinen wurde die Mathematik jedoch als eine Art Kurzschrift angesehen und kaum als eine Möglichkeit, Grundstrukturen oder -beziehungen auszudrücken. Alfred Marshall, dessen *Principles of Economics* (1890) den klassischen Ansatz in ein System brachten und die gesamte Wirtschaftstheorie bis Keynes beeinflußten, bestand darauf, daß die Mathematik zweitrangig sei und alle ökonomischen Aussagen in eine sprachliche Form gebracht werden sollten. Zur besseren Veranschaulichung benutzte er geometrische Schaubilder (z. B. Angebots- und Nachfragekurven oder Produktelastizitäten bei unterschiedlichen Preisniveaus), und er war überzeugt, daß diese allein bereits ausreichend wären.

Die moderne mathematische Analyse in der Wirtschaftswissenschaft beginnt mit Paul Samuelsons *Foundations of Economic Analysis*, ursprünglich seine Doktorarbeit aus dem Jahr 1941, die 1946 als Buch erschien. Er vertrat die Meinung, ein Fortschritt seiner Disziplin sei nur möglich, wenn man sprachliche Ausdrücke in mathematische Sätze transformierte. Die Mathematik, so Samuelson, zwingt zu einer Eindeutigkeit, die der normalen Sprache häufig fehlt, und sie ermöglicht es dem Forscher, die Variablen seinen Operationen schneller und effektiver zu unterziehen. Samuelson selbst schreibt dazu in seinem Rückblick:

»... Für einen Menschen mit analytischem Verstand und genügend Einsicht in die Tatsache, daß ein mathematisches Rüstzeug in der Nationalökonomie eine mächtige Waffe bedeutete, stellte 1935 die Welt der Ökonomie eine Fundgrube dar. Überall lagen die herrlichsten Theoreme herum und verlangten geradezu danach, aufgesammelt und in eine einheitliche Ordnung gebracht zu werden. Vor einigen Tagen habe ich davon gelesen, daß die afrikanische Honigbiene nach Südamerika eingeschleppt wurde, was zur Ausrottung der dort heimischen Arten geführt hat. Genau dasselbe ist in der theoretischen Ökonomie geschehen: die Leute mit einem analytischen Instrumentarium erlangten nach und nach in jeder Hinsicht die Vorherrschaft über die Anhänger einer reinen Kathederökonomie.«[6]

In dem genannten Buch entwickelte Samuelson beispielsweise ein formales mathematisches Modell der Keynesschen »Multiplikator- und Akzeleratoreffekte« (d. h. der »Geschwindigkeiten«, mit denen Einkommen in Konsum oder Kapital in Investitionen umgesetzt wird), und durch Einsetzen verschiedener »Werte« (d. h. Größen) für die Parameter (d. h. die begrenzenden Variablen) des Modells konnte er die Größenordnung der Effekte bei unterschiedlichem »Hang zum Verbrauch« (d. h. für unterschiedlich hohe Anteile des Verbrauchereinkommens, die für den Konsum ausgegeben wurden) oder für Unternehmerinvestitionen in anderen Bereichen (d. h. den zusätzlichen Beschleunigungseffekt bestimmter Ausgaben) nachweisen.

Ein Indikator für die schnelle Verbreitung dieser Form der ökonomischen Analyse ist die Tatsache, daß vor 35 Jahren Volkswirtschaftsstudenten wenig oder gar keine Mathematik betrieben und Samuelsons Standardwerk für seine Zeitgenossen noch schwer zu verstehen war, während heute von einem Studenten höheren Semesters erwartet wird, daß er höhere Algebra und Differentialrechnung beherrscht und somit die mathematische Beweisführung des Buchs relativ mühelos nachvollziehen kann.[7]

Ökonometrie ist die empirische Anwendung der Wirtschaftstheorie durch statistisches Schließen und mathematische Modelle. In den Wirtschaftswissenschaften der Vereinigten Staaten begann die statistische Analyse in den 20er Jahren unseres Jahrhunderts letztlich mit Wesley Clair Mitchell von der Columbia University, als dieser für das National Bureau of Economic Research tätig war. Als Schüler von Thorstein Veblen stand Mitchell der orthodoxen Wirtschaftstheorie skeptisch gegenüber, die ihm zu abstrakt und deduktiv erschien, und er gelangte zu dem Schluß, daß allein die empirische Untersuchung tatsächlicher Wirtschaftsaktivitäten das Verständnis einer Volkswirtschaft ermöglichte. Er begann mit der Aufzeichnung von Konjunkturzyklen, und zu diesem Zweck erstellte er zusammen mit einigen seiner Schüler, unter ihnen auch Arthur F. Burns, statistische Indizes unterschiedlicher Zeitreihen (z. B. Einzelhandelsumsätze, Geldmenge oder Lagerbestände), um festzustellen, welche Indikatoren wirtschaftliche Auf- oder Abschwünge als erste anzeigten und welche in dieser Hinsicht hinterherhinkten. Aus diesen bahnbrechenden Arbeiten ging die Konstruktion zusammengesetzter Indizes wie etwa des Verbraucherpreisindex hervor.[8]

Jedes Modell ist die Abbildung einer Wirklichkeit. Es gibt physikalische Modelle, z. B. ein Flugzeugmodell oder das graphische Modell eines Atoms, oder mathematische Modelle, die bestimmte Größen (z. B. Preisniveau, Zinssatz, Arbeitslosenquote und Bruttosozialprodukt) in Variablen übersetzen und die Beziehungen zwischen ihnen als mathematische Gleichungen formulieren. Der erste nordamerikanische Wirtschaftswissenschaftler, der mit ökonomischen Modellen gearbeitet hat, war Lawrence Klein von der Wharton School der University of Pennsylvania. Anfangs enthielten seine Modelle nicht mehr als zwölf Gleichungen, um die Komponenten der Endnachfrage darzustellen wie Konsum, langfristige Kapitalanlagen, Lagerhaltung usw. Eines der heute gängigen Modelle wie das DRI-Modell (Data Resources, Inc.) Otto Ecksteins von der Harvard University arbeitet mit 898 Variablen, in der Mehrzahl Quotienten, Quadratwurzeln und Logarithmen, die durch 800 Gleichungen untereinander verbunden sind.

Das DRI-Modell hat 165 exogene Variablen, außerhalb des Systems wirkende Faktoren wie Steuern, staatliche Ausgaben etc., sowie 733 endogene Variablen, systemimmanente Faktoren, die in der Hauptsache durch Markttransaktionen miteinander verknüpft sind. Dieses Modell benutzt vier umfassende Sektoren: staatliche Fiskalpolitik, Geldpolitik, Auslandssektor und Gesamtangebot. Die Variablen der staatlichen Fiskalpolitik entsprechen den groben Kategorien der volkswirtschaftlichen Gesamtrechnung. Zu den exogenen Variablen beispielsweise rechnen Regierungsausgaben, der Kapitalverkehr mit dem Ausland und ähnliches. Zu den endogenen Variablen gehören z. B. »Transferzahlungen« (etwa im Rahmen der sozialen Sicherheit) und dergleichen. Auf dem Angebotssektor wird die Produktion als entscheidender Bestimmungsfaktor für das Investitions- und Beschäftigungsniveau angesehen. Das Modell arbeitet mit einer Input-Output-Matrix von 75 Industriezweigen, um Reihen von Produktionsziffern zu errechnen.

Auf der Grundlage von vierteljährlich erhobenen statistischen Angaben sollen mit dem ökonometrischen Modell ein Jahr im voraus und sogar für jedes Quartal getrennt die wichtigsten Variablen der volkswirtschaftlichen Abläufe prognostiziert werden. Zu diesen gehören unter anderem das reale Bruttosozialprodukt, Anlageinvestitionen im Ausland, industrielle Produktion, Verbraucherpreise, Großhandelspreise, Unternehmensgewinne und Arbeitslosenziffern. Die so gewonnenen Prognosen dienen heute als Planungsgrundlagen für die Regierung, Unternehmen, Finanzinstitutionen usw.

e) *Wachstumsmodelle.* Man muß unterscheiden zwischen Theorien der wirtschaftlichen Entwicklung und Wachstumsmodellen. Die ersteren sind Aussagen über die zweckmäßigsten Möglichkeiten zur Beschleunigung der wirtschaftlichen Entwicklung eines Landes und werden unmittelbar auf die praktische Politik insbesondere der unterentwickelten Länder bezogen. Wachstumsmodelle sind hingegen der Versuch, die Wirtschaftstheorie, die weitgehend auf statischen Annahmen beruht, um einen dynamischen Aspekt zu erweitern.

Nach dem Zweiten Weltkrieg wandten sich zahlreiche Ökonomen der empirischen Frage zu, auf welche Weise sich die wirtschaftliche Entwicklung eines Landes beschleunigen ließ. Dabei stellten sich typische Fragen wie diese: Sollte man zuerst in die Schwerindustrie investieren (wie die Sowjetunion) oder in die Landwirtschaft? Sollte man vorwiegend in »Humankapital« investieren, d. h. in die Qualifizierung der Arbeitskräfte, oder mit Fachkräften und Kapital aus dem Ausland arbeiten? Sollte das Wachstum zwischen einzelnen Regionen und Wirtschaftssektoren ausgeglichen sein, oder war es besser, wenn führende Sektoren sich ohne Rücksicht auf die übrigen entwickelten?

Ein Großteil der ersten Veröffentlichungen beschäftigte sich mit der Rolle privatwirtschaftlicher und staatlicher Planung, und auf die Entwicklung entsprechender Pläne wurde sehr viel Einfallsreichtum verwendet, wie in dem Buch *The Theory of Economic Growth* (1955) von W. Arthur Lewis, einem der Pioniere auf diesem Gebiet nachzulesen ist. Aber nach etwa einem Jahrzehnt wurde die Theoriebildung weitgehend wieder aufgegeben, da man eingesehen hatte, daß die wirtschaftliche Entwicklung untrennbar mit politischen und gesellschaftlichen Faktoren verknüpft ist, und da eine befriedigende Theorie der zwischen diesen Sektoren bestehenden Beziehungen bislang nicht entwickelt worden war.

Daneben dienten Wachstumsmodelle auch dem Versuch, auf der Grundlage der neoklassischen Theorie, die mit unveränderlichen Größen arbeitete, eine systematische Theorie des Wandels einzuführen. Hier sind vor allem Edward Denison und Robert M. Solow zu nennen, die in die Modelle wirtschaftlicher Wechselwirkungen eine Theorie des technischen Wandels integrieren wollten.

f) *Wohlfahrtsökonomie.* Die Vertreter dieser Richtung haben versucht, die optimale Allokation von Gütern und Dienstleistungen in einer Gesellschaft unter Gleichgewichtsbedingungen zu definieren. Das berühmte Theorem von Vilfredo Pareto über das nach ihm benannte »Pareto-Optimum« besagt, daß eine Verteilung optimal ist, wenn es keine andere Verteilung gibt, bei der mindestens ein Individuum seine Lage verbessert und die Lage aller anderen Individuen nicht verschlechtert wird. Alle anderen Verteilungen werden als »redistributiv« bezeichnet. Spieltheoretisch ausgedrückt herrscht ein solches Optimum in einem Nullsummenspiel, bei dem jedem Gewinn ein Verlust in gleicher Höhe gegenübersteht. Spielsituationen, bei denen alle Mitspieler gewinnen, wenn auch nur geringe Beträge, oder niemand verliert, heißen Nichtnullsummenspiele; in ihnen ist die Herstellung des Pareto-Optimums möglich. Sobald es jedoch erreicht ist, herrschen die Bedingungen eines Nullsummenspiels. Die meisten der Arbeiten auf diesem Gebiet sind hochgradig theoretischer Natur. In den Jahrzehnten nach dem Zweiten Weltkrieg gab es zwei wesentliche Entwicklungen. Die eine war die Arbeit von Kenneth J. Arrow, *Social Choice and Individual Values* (1951; ursprünglich seine Doktorarbeit, die ihm zusammen mit seinen Untersuchungen über Gleichgewichtsanalyse 1972 den Nobelpreis in Wirtschaftswissenschaften einbrachte); die andere war das Buch von John Rawls *A Theory of Justice* (1971; dt. *Eine Theorie der Gerechtigkeit*, 1975), das zwar der politischen Philosophie zuzurechnen ist, aber einen Großteil seiner Analyse der Verteilungsgerechtigkeit der Wohlfahrtsökonomie des indischen Wirtschaftswissenschaftlers

Amartya K. Sen verdankt, der heute an der Universität Oxford lehrt.

Arrow führt in seinem Buch den Nachweis, daß zwar einzelne Individuen in der Lage sein mögen, ihre Präferenzen sinnvoll in eine Rangfolge zu bringen (z. B. Geschäftsvorhaben, Kaufwünsche oder Parteipräferenzen bei einer Wahl), daß es, sofern bestimmte Bedingungen gelten wie das Mehrheitsprinzip oder die Transitivitätsregel (wird A gegenüber B und B gegenüber C vorgezogen, so muß A auch gegenüber C vorgezogen werden), jedoch logisch unmöglich ist, eine kombinierte, *gesellschaftliche* Wahl (in der Fachsprache: eine Gruppen-Wohlfahrtsfunktion) zu finden, welche die widersprüchlichen Präferenzen der einzelnen Individuen in einer einzigen, rationalen Rangfolge zusammenfaßt. Die praktische Nutzanwendung dieses Ansatzes liegt in dem theoretischen Beweis, daß es keine einzelne gesellschaftliche Wahl geben kann, der alle Mitglieder einer Gruppe oder Gesellschaft beipflichten können oder die alle zufriedenstellt. Wenn also einzelne oder Gruppen ihre unterschiedlichen Bedürfnisse friedlich miteinander abstimmen wollen, dann bleibt nur die Möglichkeit von Verhandlungen und Kompromissen, bei denen jeder Verhandlungspartner auf bestimmte Präferenzen verzichtet, um die Befriedigung anderer zu erreichen.

Da viele Güter in unserer Gesellschaft öffentliche Güter sind, die sich nicht wie private Güter in einzelne Portionen aufteilen lassen – z. B. Straßen oder Waffensysteme –, ergeben sich äußerst verzwickte Probleme aus der Frage, wie man in diesen Bereichen zu rationalen Entscheidungen gelangen kann. Auf diesem Gebiet hat es eine große und ständig wachsende Zahl von Veröffentlichungen unter der Rubrik *»public choice«* gegeben, mit denen sich die Namen von Autoren wie Anthony Downs, James Buchanan, Gordon Tullock, Mancur Olson und James Coleman verbinden.

Überblickt man die Verheißungen der Wirtschaftswissenschaft jener Zeit, so liefen sie auf die Überzeugung hinaus, daß die Nationalökonomen gelernt hatten, eine Volkswirtschaft so zu führen (wenn nicht gar zu planen), daß es keine Wirtschaftskrisen mehr geben würde, weil die Regierung eine überhitzte Nachfrage dämpfen oder konjunkturelle Schwächen durch Staatsaufträge beheben konnte, daß es möglich war, Vollbeschäftigung zu erreichen, daß das wirtschaftliche Wachstum beibehalten werden konnte, und daß schließlich die »Keynesianische Revolution« den Wirtschaftswissenschaftlern die theoretischen und praktischen Instrumente an die Hand gegeben hatte, um alle diese Ziele verwirklichen zu können.

Modelle des menschlichen Denkens und der Gesellschaft

Eine zweite wesentliche Verheißung für die Sozialwissenschaften nach dem Zweiten Weltkrieg lag in der Erwartung, daß neue Wissenschaften entstehen würden, die es ermöglichen, menschliche Denkprozesse zu verstehen und Modellsysteme zur Simulation und später auch zur Lenkung gesellschaftlicher Abläufe zu entwickeln. Solche Ambitionen verbanden sich mit der Entstehung und raschen Entwicklung von Disziplinen wie *Kybernetik, Informationstheorie, Strukturale Linguistik, Künstliche Intelligenz* und *Automatentheorie* sowie *allgemeine Systemtheorie*. Da diese Entwicklungen eng ineinander greifen und der Versuch, sie schematisch zu trennen, ihre innere Verknüpfung zerstören würde, auf die sich damals die Hoffnungen richteten – obwohl es nie eine einzelne, einheitliche Theorie gab, die versucht hätte, diese Vorstellungen in eine formale Disziplin zu integrieren –, muß meine Darstellung zwangsläufig etwas weitschweifig ausfallen.

Die Kybernetik ist eng mit dem Namen des Mathematikers Norbert Wiener vom MIT verknüpft, der 1948 ein Buch mit dem Titel *Cybernetics: or Control and Communication in the Animal and the Machine* (dt.: *Kybernetik. Regelung und Nachrichtenübertragung im Lebewesen und in der Maschine*) veröffentlicht hatte. Wiener hielt sich für den Schöpfer dieses Begriffs, den er vom griechischen *kybernētēs* ableitete, dem Wort für Lotse oder Steuermann. Tatsächlich findet sich jedoch schon bei Plato der Terminus *kybernētikē* als Unterbegriff der *technai* und bezeichnet bei ihm die Kunst, Menschen in der Gesellschaft zu lenken, d. h. die Regierungskunst. 1834 schrieb der französische Physiker André-Marie Ampère, nach dem heute noch die Maßeinheit für Stromstärke benannt ist, einen *Essai sur la philosophie des sciences* (Essay über die Philosophie der Wissenschaften), in dem er im Zusammenhang mit der Kunst des Regierens das griechische Wort mit *cybernétique* übersetzte. Ironischerweise erschien Wieners Buch zuerst auf Französisch, da er es ursprünglich einem französischen Verleger anvertraut hatte.

Wiener, der von alledem nichts wußte, berief sich auf James Watt als seinen Vorgänger, der einen mechanischen Regler als »governor« bezeichnet hatte. Da er sich in der Hauptsache mit Servomechanismen beschäftigte, die mit einem Rückkopplungssignal und einer darauf folgenden Neuanpassung an die Gegebenheiten operierten, gebrauchte Wiener den Begriff »Steuerung« oder Kybernetik.

Das Grundprinzip der Kybernetik ergibt sich aus dem Begriff selbst. Sie besteht aus einer Reihe von Regelmechanismen, die eine Maschine oder ein System in Gang halten, nachträgliche Anpassungen an die ursprünglichen oder an geänderte Vorgaben ermöglichen, falls irgendwelche Abweichungen oder Hindernisse auftreten, und die den Mechanismus auf bestimmte Zwecke ausrichten. Ein Großteil der Theorie geht auf Wieners praktische Erfahrungen in beiden Weltkriegen zurück, als er an der Entwicklung der automatischen Steuerung von Artilleriegeschützen arbeitete, z. B. für Flugabwehrkanonen, die Flugzeuge treffen sollten, die den Geschossen durch Zickzackfliegen oder andere Manöver zu entgehen suchten. Die grundlegenden Elemente sind hierbei Energie und Information. Der Motor der Maschine wird durch Energie angetrieben, während der Maschine Signale (Informationen) übermittelt werden, die die erforderlichen Anpassungskorrekturen ermöglichen.

Im Zentrum der kybernetischen Theorie steht die »Rückkopplungsschleife«, ein Prinzip, nach dem (über Sensoren oder andere Vorrichtungen) das Regel- oder Steuerzentrum und der Korrekturmechanismus fortlaufend neue Informationen (Rückmeldungen) erhalten. Das System ist adaptiv und homöostatisch und hat die Tendenz, einen stabilen oder Gleichgewichtszustand aufrechtzuerhalten. Allgemeiner ausgedrückt ist es eine Theorie der Kommunikation und Steuerung. Deshalb ist die Kybernetik keine Disziplin wie jede andere, sondern eine Theorie, die in den unterschiedlichsten Bereichen Anwendung findet.

Georges T. Guilbaud von der Ecole Pratique des Hautes Etudes in Paris bemerkt hierzu:

»Kybernetik ist nicht Elektronik, Neurologie oder Soziologie; sie ist auch keine spezielle Theorie einer dieser Disziplinen. Sie übernimmt einfach Probleme aus diesen und anderen Forschungsbereichen in der Hoffnung, daß die von ihr entdeckten Lösungen nützliche Anwendungsmöglichkeiten finden... Die Kybernetik befindet sich in einer vergleichbaren Lage wie die Statistik, die in höchst unterschiedlichen Gebieten angewandt wird (Psychologie, Soziologie, Astronomie, Ökonomie, Biologie usw.) und ihren Begriff aus einer ihrer speziellen Anwendungen ableitet – der Untersuchung menschlicher Gesellschaften oder Staaten –, mit der sie heute noch verknüpft ist, obwohl sie inzwischen den Rang einer eigenständigen Disziplin erlangt hat.«[9]

Die Informationstheorie geht zurück auf die Arbeiten von Claude E. Shannon am MIT und bei den Bell Laboratories. Ursprünglich diente sie dem Zweck, Telefonvermittlungsnetze zu konstruieren, mit denen sich die Kapazität des Übertragungssystems erhöhen ließ. Doch die Informationstheorie gelangte sehr schnell zur Algebra der Logik (Boolesche Algebra), der Algebra der alternativen Wahlmöglichkeiten bei der Übermittlung einer Nachricht. Das Gesellschaftsspiel, bei dem mit einer Höchstzahl von Fragen, die nur mit »ja« oder »nein« beantwortet werden dürfen, eine Person oder ein Gegenstand zu erfragen ist, wird häufig als zweckmäßige Veranschaulichung dafür herangezogen, wie man eine Menge verschiedener Möglichkeiten so reduziert, daß sie mit jeder neuen Frage und Antwort möglichst halbiert wird. In einem für die 14. Auflage der *Encyclopaedia Britannica* verfaßten Artikel über die Informationstheorie schreibt Shannon:

»Die Niederschrift englischer Sätze kann man sich als einen fortlaufenden Prozeß von Wahlentscheidungen vorstellen: aus der Zahl der als Satzanfang möglichen Wörter mit unterschiedlichen Wahrscheinlichkeiten wird ein erstes Wort gewählt; darauf ein zweites aus einer Menge von Wörten, deren Wahrscheinlichkeiten vom ersten gewählten Wort abhängen usw. Ein statistischer Prozeß dieser Art wird als stochastischer Prozeß bezeichnet, und in der Informationstheorie wird auch der von einer Informationsquelle ausgehende Informationsfluß als stochastischer Prozeß aufgefaßt.«

Der Informationsgehalt geschriebener Sprache läßt sich in Bits (Binärzeichen 0 oder 1) umrechnen, und wenn jeder Buchstabe dieser Sprache dieselbe Wahrscheinlichkeit des Auftretens hätte, dann wäre der sogenannte Entscheidungsgehalt eines jeden Buchstaben 4,76 Bits. Da die Buchstaben jedoch offensichtlich verschieden häufig auftreten (e ist z. B. besonders häufig, x und q sind dagegen ziemlich selten) ist der mittlere Informationsgehalt geringer (etwa 4). In der Terminologie der Informationstheorie ist Englisch zu 20 Prozent »redundant«, eine Tatsache, die man sich leicht vor Augen führen kann, wenn man einen Text zu lesen versucht, aus dem jeder fünfte Buchstabe entfernt wurde. Das ist auch die Grundlage verschiedener Kurzschriftsysteme oder der telegrafischen Übermittlung der Berichte von Auslandskorrespondenten, die Worte sparen und die Übertragungszeit verkürzen, indem sie z. B. die Vokale »wglssn«.

Wenn wir die statistische Struktur einer Sprache kennen, können wir eine allgemeine Formel ableiten, nach der sich die Geschwindigkeit bestimmt, mit der Informationen in einem stochastischen Prozeß produziert werden, und durch geeignetes Verschlüsseln lassen sich enorme Beträge an Übertragungszeit einsparen. Die Übertragung gab den eigentlichen Anstoß zur Formulierung der Informationstheorie, aber der Kern ist die Idee des Verkodens, und die praktische Verwirklichung erfolgt mit Hilfe der statistischen Theorie, die etwas darüber aussagt, wie eine Nachricht verschlüsselt werden muß. Nachrichten werden über Kanäle übertragen und unweigerlich durch »Rauschen« oder andere Störungen verzerrt, die mit den physikalischen Eigenschaften des Kanals zusammenhängen (z. B. eines Kupferkabels beim Telefon oder einer optischen Faser). Shannon fand heraus, daß es möglich war, eine Nachricht so zu verschlüsseln (d. h. zu komprimieren), daß sie selbst über einen gestörten Kanal fehlerlos übertragen werden konnte, sofern nur dessen Kapazität groß genug war.

Es ist überraschend, wie schnell die mathematische Kommunikationstheorie sich durchsetzen und in die unterschiedlichsten Gebiete Eingang finden konnte. Randall L. Dahling hat diesen Prozeß näher untersucht und festgestellt:

»Dr. Shannon stellte seine Theorie erstmals in zwei Artikeln vor, die im Juli- und Oktoberheft 1948 des *Bell System Technical Journal* erschienen. Es war die Darlegung einer einheitlichen Theorie der Signalübertragung, die auf dem Grundgedanken fußte, daß man übertragene Informationen als statistische Abläufe auffassen und deren Wahrscheinlichkeiten berechnen kann...

Die Bedeutung dieses Gedankens wurde sehr schnell erkannt. Andere Wissenschaftler begannen sogleich Diskussionen darüber, und nur wenige Monate später erschienen in immer schnellerer Folge Aufsätze über praktische Anwendungsmöglichkeiten dieser Theorie. Anfangs beschränkten sie sich auf das Gebiet der Kommunikationstechnik, aber schon im November 1949 berichteten F. C. Frick und G. A. Miller in der *Psychological Review* über ihre Anwendung auf die Psychologie. In der Zeitschrift *Science* (4. August 1950 und 16. März 1951) äußerte sich

H. Jacobson über die Informationskapazität des menschlichen Ohrs und des menschlichen Auges. Zwei Aufsätze im November 1950 von Dennis Gabor im *Phil. Mag.* und von O. H. Strauss im *Journal of the Acoustical Society of America* zeigten an, daß die Theorie auch in die Physik und die Linguistik Eingang gefunden hatte. Im Dezember 1950 erschien ein Beitrag über Anwendungen in der Biologie und Soziologie von Nicholas Rashevsky im *Bulletin of Mathematics and Biophysics.* 1951 wurde die Theorie von G. A. Barnard in der statistischen Zeitschrift *J. Royal Statistical Society* diskutiert und breitete sich danach mit unverminderter Geschwindigkeit aus. « [10]

Warum sich der neue Gedanke so rasch durchsetzte, liegt auf der Hand. Die Arbeiten Shannons standen im Schnittpunkt einer Reihe ähnlich gelagerter Bedürfnisse auf militärischem und wirtschaftlichem Gebiet im Hinblick auf Kommunikation, Automation und elektronische Rechengeräte. Die theoretischen und statistischen Grundlagen schienen sich eng an die allgemeinere Theorie der Wienerschen Kybernetik anzuschließen, dessen Buch nach der englischen Erstveröffentlichung 1948 innerhalb eines Jahres sieben Auflagen erlebte. Was die Arbeiten Wieners und Shannons zu verheißen schienen, war ein wichtiger Schritt auf dem seit langem gesuchten Weg zu einer vereinheitlichten Theorie des physikalischen und menschlichen Verhaltens (zumindest auf den Gebieten der Physiologie, Psychologie und Linguistik); der entscheidende Begriff war der der Information.

Die linguistische Theorie war die dritte Disziplin, in der diese neuen Hoffnungen gediehen, vor allem in den Arbeiten von Noam Chomsky am MIT. Chomsky hatte sich ursprünglich mit strukturaler Linguistik beschäftigt und den Nachweis versucht, daß die menschliche Sprache trotz ihres unerhörten Reichtums an unterschiedlichen Ausprägungen (es gibt Dutzende von Sprachstämmen wie das Indo-Europäische, Ural-Altaische, Hamito-Semitische, Tai und das Sino-Tibetische, daneben an die 3000 verschiedene Sprachen, ganz zu schweigen von den Dialekten) eine syntaktische Grundstruktur hat (d. h. Wortfolgen, die die Bedeutung determinieren) und daß es in jeder Sprache eine »Tiefenstruktur« aus einigen wenigen Regeln gibt, die alle anderen grammatischen Regeln erzeugen. Seine Arbeiten führten Chomsky schließlich zu grundlegenden Problemen der Epistemologie (Erkenntnistheorie) und Psychologie; eine der wichtigsten Debatten der Nachkriegsjahre wurde zwischen B. F. Skinner und anderen Behavioristen einerseits und Noam Chomsky andererseits um die Frage geführt, wie Sprache erworben wird.

Für Skinner, einen reinen Empiristen, lernt das Kind eine Sprache in assoziativen Bausteinen, reagiert auf Reize und wird durch Reaktionen belohnt. Das Lernen geschieht durch Konditionierung, durch Verstärkung (d. h. Belohnung) und durch Reizgeneralisierung (d. h. die Erweiterung der Assoziationen).

Für Chomsky ist Spracherwerb eine angeborene Fähigkeit. Nach seiner Überzeugung läßt sich die Sprachkenntnis eines Individuums »nicht als gespeicherter Satz von Mustern darstellen, die durch andauernde Wiederholung und eingehendes Üben erlernt werden, wobei neue Lerninhalte bestenfalls eine Frage der ›Analogie‹ sind..., [sondern] jeder, der eine Sprache beherrscht, verfügt in seinem Gehirn über ein äußerst abstraktes System grundlegender Strukturen sowie ein abstraktes System von Regeln, die – durch beliebig häufige Wiederholungen – einen unendlichen Bereich von Korrespondenzen zwischen Sprachlauten und Bedeutung festlegen. Der Besitz dieser Grammatik ist eine Tatsache, die letzten Endes von der Psychologie oder der Neurophysiologie erklärt werden muß.«[11]

Für Chomsky »weichen die grundlegenden Tiefenstrukturen [der Syntax] zwischen den einzelnen Sprachen allenfalls geringfügig voneinander ab«, und das menschliche Gehirn ist so beschaffen, daß wir bereits bei Kenntnis einer geringen Zahl von Fällen in der Lage sind, die Regel zu erfassen, die ihrerseits die Struktur der Sprache einsichtig macht, die wir hören oder sprechen. Wie Chomsky selbst sagt:

»Nichts anderes war eigentlich zu erwarten..., da kaum vorstellbar ist, auf welche Weise solche Denkvorgänge aus empirischen Beispielen abstrahiert werden könnten. Mit Sicherheit ist weder der Psychologie oder Philosophie ein irgendwie gearteter Prozeß der Verallgemeinerung oder Assoziation bekannt, noch kennt die Linguistik irgendein Analyseverfahren, mit dem sich auch nur annähernd solche Strukturen der Sprache bestimmen ließen. Und es ist auch hier zu erwarten, daß diese Operationen und ihre allgemeinen Eigenschaften bei allen Sprachen die gleiche Form aufweisen, und es scheint sich auch tatsächlich so zu verhalten.«[12]

Die Kombination aus Kybernetik, Informationstheorie und der Linguistik Chomskys hatte ihre unmittelbarsten Auswirkungen auf dem Gebiet der kognitiven Psychologie und der »künstlichen Intelligenz« oder der Theorie und Praxis logischer Automaten, die in der Umgangssprache ungenau als »Denkmaschinen« bezeichnet werden. Im Idealfall hoffte man, Informationstheorie und Linguistik würden dem Psychologen Einblicke in die Wirkungsweise des Denkens (und in die entsprechenden neurophysiologischen Abläufe) vermitteln, so daß Logiker und Computerspezialisten Programme schreiben konnten, die aus dem Computer – bislang eine unglaubliche schnelle, aber dumme Maschine, die lediglich bis ins einzelne gehende Anweisungen befolgen konnte – einen allgemeinen Problemlöser machen würden.

Der Neurophysiologe Warren McCulloch versuchte zu zeigen, daß das zentrale Nervensystem über eine Verknüpfung von der Art verfügt, wie sie von der kybernetischen Theorie unterstellt wird, und daß das Bewußtsein beim Akt des »Sehens« nicht einfach die Welt da draußen zurückspiegelt, als wäre das Auge die Linse einer Kamera, sondern aus den visuellen Sinnesreizen bestimmte Elemente auswählt, um das Wahrgenommene zu synthetisieren oder erkennbar zu machen. Hierzu heißt es bei Stephen Toulmin in einer Würdigung der Arbeiten von Wiener und McCulloch:

»Die Aufgabe, eine Maschine zu erfinden, die die menschlichen Denkprozesse simulieren kann, war eine Aufgabe exakter mathematischer Analyse, die formalen Einfallsreichtum und Präzision von wahrhaft bizarren Ausmaßen erforderte. Das Problem, wie sich die formale Analyse solcher Mechanismen zur Erhellung der tatsächlichen Wirkungsweise des menschlichen Gehirns nutzbar machen ließ – insbesondere im Hinblick auf die Steuerung des menschlichen Verhaltens –, betraf klinisches Erkenntnisvermögen, philosophische Reflexivität und spekulative Einbildungskraft gleichermaßen. An diesem Punkt ergänzten sich die Fähigkeiten des Mathematikers Wiener und des Psychiaters und Neurologen McCulloch hervorragend. Norbert Wiener gelang es meisterhaft, die mathematische Analyse der im Zweiten Weltkrieg entwickelten elektronischen Steuerungs- und Kommunikationssysteme zu einer allgemeinen und abstrakten Theorie selbstregulierender, pseudointelligenter Mechanismen und verknüpfter Systeme umzuformen. Die Idee der ›negativen Rückkopplung‹ – implizit bereits im ersten Entwurf für den Regler einer Dampfmaschine enthalten und von Claude Bernard in den 60er Jahren des vorigen Jahrhunderts als entscheidendes Element in einer neuartigen physiologischen Erklärung verwendet – konnte nunmehr so erweitert werden, daß sie als allgemeine Erklärung für selbstregelnde oder kybernetische Mechanismen diente. Andererseits hatte Warren McCulloch umfassende empirische Kenntnisse über die Zusammenhänge zwischen menschlichem Gehirn und Verhalten – von neuroanatomischen Studien über die Struktur und die inneren Verknüpfungen der Großhirnrinde bei höheren Affen bis zu seinen eingehenden klinischen Untersuchungen als Psychiater über neurologische Erkrankungen beim Menschen –, die es ihm ermöglichten herauszufinden, auf welche Weise sich diese neuen Formen der mathematischen und physiologischen Analyse zur Aufdeckung der tatsächlichen neurophysiologischen Wechselwirkungen im Gehirn nutzbar machen ließen.«[13]

Der wichtigste Versuch einer Verknüpfung von Informationstheorie und kognitiver Psychologie wurde von George A. Miller unternommen, der damals an der Harvard University (heute an der Rockefeller University) arbeitete. In einem klassischen Aufsatz mit dem verführerischen Titel »Die magische Zahl sieben plus oder minus zwei« behauptet Miller, es gebe wahrscheinlich einen inneren Grund dafür, daß die Zahl sieben für uns eine besondere Rolle spielt. Miller verweist darauf, daß bei eindimensionalen Stimuli (z. B. Tonhöhe, Lautstärke oder Punkte auf einer Linie) der Bereich der Unterscheidungen, die eine Person machen kann, oder der Umfang an Information, die sie übertragen kann, oder der Umfang ihrer kurzfristigen Gedächtnisleistung etwa sieben unterscheidbare Alternativen beträgt – eine ziemlich niedrige und einschränkende Zahl für die Informationsverarbeitung. Miller führt aus:

»Offenbar ist in uns eine – durch Lernen erworbene oder durch den Aufbau unseres Nervensystems bedingte – Beschränkung wirksam, die unsere Kanalkapazitäten innerhalb dieses engen Bereichs hält. Auf der Grundlage des bislang verfügbaren Materials können wir mit einiger Sicherheit behaupten, daß wir über eine endliche und ziemlich geringe Kapazität für derartige eindimensionale Urteile verfügen und daß diese Kapazität für alle Sinneseindrücke im großen und ganzen unveränderlich ist...

Es gibt eine eindeutige und bestimmte Grenze für die Genauigkeit, mit der wir die Größe einer eindimensionalen Stimulusvariablen vollständig identifizieren können. Ich schlage vor, diese Grenze als *die Spannweite des absoluten Urteils* zu bezeichnen, und behaupte, daß diese Spannweite bei eindimensionalen Urteilen etwa bei sieben liegt.«[14]

Dennoch sind wir im Alltagsleben in der Lage, aus Hunderten von Gesichtern ein bestimmtes exakt herauszufinden oder aus Tausenden von Wörtern einzelne Wörter zu erkennen, so daß sich die Frage stellt, wie es uns gelingt, diese Beschränkungen unserer Wahrnehmungs- und Unterscheidungsfähigkeit zu überwinden. Die Antwort lautet für Miller, daß Menschen in der Lage sind, Umkodierungen vorzunehmen, d. h. die empfangenen Informationseinheiten in immer größere Gruppierungen »einzubetten«. Wer als Anfänger das Morse-Alphabet erlernt, hört zunächst kurze und lange Signale als eigene Einheiten, faßt sie dann buchstabenweise zu neuen Gruppen zusammen und nimmt sie später wiederum als Bestandteile ganzer Wörter oder Sätze wahr.

Miller, einer der anregendsten Autoren in der Psychologie, leitete seinen Aufsatz mit der Frage ein, warum die »magische« Sieben in der Geschichte der menschlichen Kultur eine so große Rolle gespielt habe – die sieben Weltwunder, die sieben Weltmeere, die sieben Himmel, die sieben Wochentage, die Sieben gegen Theben usw. Und auch wenn es nur im übertragenen Sinn gemeint ist, daß wir aufgrund einer angeborenen Beschränkung in der Lage sind, höchstens sieben Einheiten (plus/minus zwei als statistischer Streubereich) zu unterscheiden oder im Gedächtnis zu behalten, so hat Miller doch zwei wichtige Ergebnisse aus der Informationstheorie abgeleitet: die Aufspaltung der Informationen in Einheiten zur Messung von Wahrnehmungs- und Unterscheidungsleistungen und das Phänomen des »Umkodierens«. Hierzu bemerkt Miller:

»... Das Verfahren des Umkodierens ist ein extrem leistungsfähiges Werkzeug, um die Menge an Informationen zu erhöhen, die wir bearbeiten können. In der einen oder anderen Form benutzen wir dieses Verfahren ständig in unserem alltäglichen Verhalten ... Unsere Sprache eignet sich vorzüglich dazu, Einzelinformationen zu größeren Gruppen zusammenzufassen ... die sprachliche Umkodierung, wie sie vom Menschen vorgenommen wird, ist meiner Meinung nach der Lebensnerv aller Denkvorgänge.«[15]

Miller hat außerdem zu zeigen versucht, daß das Schreiben von Computerprogrammen die Art und Weise erhellt, wie wir denken. In Computerprogrammen wird die Bearbeitung des

Hauptprogramms häufig unterbrochen, um Unterprogramme auszuführen (die Lösung von Zusatzproblemen, z. B. Nebenrechnungen, um anschließend das Hauptproblem weiter zu bearbeiten); Programme, die das ermöglichen, werden als »rekursiv« bezeichnet. Bei nicht-rekursiven Programmen kehrt der Rechner nicht zum Hauptprogramm oder zu anderen Unterprogrammen zurück, d. h. er macht sich nicht die bereits erzielten Ergebnisse zunutze, so daß der Computerspeicher sehr schnell überlastet ist. Miller weist darauf hin, daß auch der Mensch bei seinen Denkvorgängen rekursive und nicht-rekursive Unterprogramme verwendet, nur daß wir noch nicht wissen, welcher Art diese Programme sind und wie sie genutzt werden:

»Eine Möglichkeit zur Beantwortung dieser Frage bietet sich auf dem Gebiet der menschlichen Sprache an. Es ist eines der Merkmale natürlicher Sprache – d. h. der Sprache, in der wir uns im Alltag verständigen, im Gegensatz zu ›künstlichen Sprachen‹, die wir für die Mathematik, Logik, Computerprogrammierung usw. entwickelt haben –, daß in Sätze neue Sätze eingefügt werden können. So enthält z. B. die Aussage, »Der König, der sagte, ›Mein Königreich für ein Pferd‹, ist tot« den Satz: ›Mein Königreich für ein Pferd‹, der in einen zweiten Satz ›Der König ist tot‹ eingefügt wurde.

Stellen wir uns einen Hörer vor, der Informationen verarbeitet, um diesen Satz zu verstehen. Offensichtlich wird seine Analyse des einen Satzes unterbrochen, während er den eingeschobenen Satz analysiert. Wenn er diesen Vorgang beendet hat, muß er die Analyse des ursprünglichen Satzes wieder aufnehmen. Damit haben wir alle Elemente, die auch in einem Computerprogramm enthalten sind.«[16]

Miller bemerkt, daß solche Sätze zwar grammatisch richtig sind, daß wir ihnen jedoch nur mit Mühe folgen und sie verstehen können, was vermuten läßt, daß unsere Fähigkeit, mit rekursiven Unterprogrammen zu arbeiten, ziemlich beschränkt ist.[17] Der Vergleich von kognitiven Operationen mit Computerprogrammen sollte jedoch zeigen, daß »häufig der Betrieb eines lebendigen oder unbelebten Apparats, mit dem die betreffende Operation ausgeführt werden kann, ... einigen höchst allgemeinen Prinzipien [unterliegt]. Es geht nicht darum, Menschen auf Maschinen zu reduzieren, sondern allgemeine Prinzipien aufzufinden, die sowohl auf Menschen als auch auf Maschinen angewandt werden können. Und das ist die erregende Aussicht, die ich Ihnen als Überlegung nahebringen möchte.«[18]

Die Idee einer »künstlichen Intelligenz« geht auf den englischen Mathematiker Alan Mathison Turing zurück, der während des Zweiten Weltkriegs maßgeblich an der Konstruktion der Entschlüsselungsmaschine »Ultra« beteiligt war, mit der der deutsche Nachrichtenkode geknackt wurde. Er stellte sich die Frage, ob eine Rechenmaschine denken kann, oder, um jeden in dieser Frage enthaltenen Anthropomorphismus auszuschließen, ob sich Maschinen so programmieren lassen, daß sie sich in derselben Weise verhalten wie ein Mensch, der denkt. John von Neumann, der große Mathematiker, der für einige der wichtigsten Weiterentwicklungen auf dem Gebiet der Elektronenrechner verantwortlich war, ging noch weiter. In seinem Aufsatz »The General and Logical Theory of Automata« (Allgemeine und logische Theorie der Automaten) aus dem Jahr 1951 legte sowohl er die Bedingungen fest, unter denen Automaten, die digitale (nur mit Binärzeichen arbeitende) oder analoge Verfahren verwenden, ähnliche Schlußfolgerungen ziehen können wie die formale Logik, als auch den Weg, wie Automaten neue Automaten hervorbringen, d.h. sich selbst reproduzierende Maschinen werden können.

Von Neumanns Ziele waren weitgesteckt, doch in den 50er und 60er Jahren wurden insbesondere von Marvin Minsky und seinen Mitarbeitern am MIT anhaltende Versuche unternommen, Computerprogramme zu schreiben, die »schlußfolgern«, d.h. mathematische Theoreme beweisen, linguistische Schwierigkeiten beheben und Probleme lösen konnten. Der entscheidende Schritt auf dem Weg zu einer »künstlichen Intelligenz« bestand in der Aufgabe der Vorstellung, ein Computer könne ein Problem nur lösen, wenn jeder einzelne Schritt der Prozeduren – und damit auch die Lösung selbst – vom Programmierer eindeutig festgelegt wird. Auf dieser Ebene ist ein Computer natürlich nicht mehr als ein ungeheuer zeitsparendes Werkzeug für den Menschen. Die Programmierer einer künstlichen Intelligenz schlugen dagegen vor, einen Satz von allgemeinen Regeln in das Programm zu schreiben, mit deren Hilfe der Rechner Analogien herstellen, Schritte der formalen Logik ausführen, komplizierte Aussagen in einfachere zerlegen und die in ihren Anweisungen an den Computer enthaltenen »Heuristiken« verwenden konnte. Ein Computer wird durch einen Algorithmus gesteuert, eine Abfolge von Anweisungen zur Ausführung bestimmter Verfahren oder auch eine Entscheidungsregel. Bei einem besonders mechanischen Algorithmus müßte ein Computer sämtliche Speicherplätze abtasten oder jede mögliche Kombination oder Permutation ausführen, um dann erst die richtige Lösung herauszusuchen. Für viele Probleme würde dies jedoch einen ungeheuren Zeitaufwand nach sich ziehen, selbst wenn die Berechnung von einem Hochgeschwindigkeitscomputer übernommen würde. Eine Heuristik ist nichts anderes als eine Anweisung an den Rechner, anhand von festgestellten Gleichheiten oder Ähnlichkeiten oder einer entsprechenden Regel Wahrscheinlichkeitsurteile zu fällen, die eine Suchprozedur wesentlich abkürzen können. Im Grunde genommen handelt es sich um ein Probierverfahren, so wie unser Bewußtsein Hinweise darauf sucht, wie die relevanten Lösungsschritte miteinander zu verknüpfen sind.

Das ist die Grundlage der Dame- und inzwischen auch der Schachprogramme für Computer. Es ist jedoch auch der Ausgangspunkt des Versuchs, Computer umgangssprachliche Formulierungen von Problemen »lesen« und in mathematische Ausdrücke umwandeln zu lassen. Minsky gibt ein Beispiel hierfür, nämlich das von Daniel Bobrow am MIT entwickelte Programm STUDENT:

»Das Bemerkenswerte an STUDENT ist nicht so sehr, daß es Englisch versteht, sondern daß es eine grundlegende Fähigkeit aufweist, überhaupt etwas zu verstehen. Wenn es auf Schwierigkeiten stößt, stellt es im allgemeinen die richtigen Fragen. Manchmal muß es denjenigen, der am Computer arbeitet, um Rat fragen, aber häufig behebt es die Schwierigkeit dadurch, daß es auf die Informationen in seinen Dateien zurückgreift. Trifft es beispielsweise auf eine Aussage der Form ›Mary ist doppelt so alt wie Ann war, als Mary so alt war wie Ann jetzt ist‹, dann weiß das Programm, wie es die Bedeutung von ›war, als‹ präzisieren kann, indem es die Aussage in Form von zwei einfachen Sätzen umformuliert: ›Mary ist doppelt so alt wie Ann vor *x* Jahren war. Vor *x* Jahren war Mary so alt wie Ann jetzt ist.‹«[19]

Die Verheißung einer künstlichen Intelligenz hat in den letzten 15 bis 20 Jahren einiges von ihrem ursprünglichen Glanz verloren. Es ist jedoch immer schwierig, die Flamme der Begeisterung bei wahren Gläubigen gänzlich zu ersticken, und man kann eine Disziplin auch nicht einfach deshalb ad acta legen, weil sich ihre ursprünglichen Ansprüche nicht verwirklichen ließen. Auf diesen Punkt werde ich an einer späteren Stelle zurückkommen.

Holistische Perspektiven

In der Anthropologie und Soziologie beherrschten in der Zeit vom Kriegsende bis 1970 drei Strömungen das Feld.

In der Anthropologie gab es die neue interdisziplinäre Forschungsrichtung »Kultur und Persönlichkeit«. Diese Richtung geht zurück auf Ruth Benedict und ihr Buch *Patterns of Culture* (1934; dt. *Urformen der Kultur* 1955). Jeder Kultur, dies wollte Benedict zeigen, ist ein besonderes Grundmuster zu eigen, und Kulturen lassen sich anhand ihrer integrativen Prinzipien beschreiben. Benedict griff ihrerseits auf Oswald Spenglers Buch *Der Untergang des Abendlandes* (1918–1922) zurück, in dem die westliche Kultur als faustisch und z. B. die arabische als magisch bezeichnet wurde. Der Gedanke hatte Ähnlichkeit mit Pitirim Sorokins Auffassung, die in seinem vierbändigen Werk *Social and Cultural Dynamics* (1937–41) vorgetragen wird, daß sich kulturelle Mentalitäten in zwei Kategorien aufteilen lassen, je nachdem, ob sie dem Spirituellen (»ideational«) oder dem Sinnlichen (»sensate«) zuneigen, und daß die Geschichte sich zwischen diesen beiden Idealtypen bewegt. Der all diesen holistischen Konzeptionen gemeinsame Grundgedanke war die Vorstellung, daß alle Dimensionen einer Kultur von ein und demselben Strang durchzogen waren, so daß die faustischen oder sinnlichen Elemente sämtliche Aspekte des Lebens erfüllten, von der Wissenschaft über die Künste bis hin zu den gesellschaftlichen Werten und Lebensstilen. Im Prinzip war es eine Erweiterung des Marxschen Modells, daß die vorherrschende Produktionsweise alle anderen Aspekte einer Gesellschaft durchdringt, was sich z. B. im Kapitalismus darin äußert, daß alles zur käuflichen und verkäuflichen Ware wird – die Kunst schließlich ebenso wie die menschliche Arbeitskraft.

Während Marx, Spengler und Sorokin in großen historischen Dimensionen dachten und eine Vielzahl von Gesellschaften im Blick hatten, wollte Ruth Benedict das Konzept der »Integration« auf individuelle Kulturen anwenden und sah in jeder ein einzelnes Prinzip wirksam, über das sie einer von zwei dominierenden Urformen zugeordnet werden konnte. Sie nannte diese beiden Formen das »Apollinische« und das »Dionysische«, Begriffe, die sie Nietzsches *Geburt der Tragödie aus dem Geist der Musik* (1872) entlehnt hatte, und mit denen zwei fundamental entgegengesetzte Weltanschauungen beschrieben werden. Für sie waren die Puebloindianer des nordamerikanischen Südwestens apollinisch, weil sie eine harmonische Lebensweise pflegten, während die Kwakiutl an der pazifischen Nordwestküste aufgrund der ekstatischen Erregung, von der ihre Rituale geprägt waren, als dionysisch eingestuft wurden. Eine dritte Kultur, die Dobu, waren unterdrückt und gegenüber Fremden und untereinander feindselig. Benedict ordnete sie keiner der beiden Kategorien zu, obgleich sie an einer Stelle deren Naturell mit dem der ersten Puritaner in den Vereinigten Staaten verglich.

Der Gedanke, daß es unterscheidbare kulturelle Muster gab, führte bald zu der Idee, daß diese in den Persönlichkeitseigenschaften der einzelnen Kulturangehörigen verkörpert sein mußten. Insbesondere nach dem Zweiten Weltkrieg begannen zahlreiche Anthropologen und Psychologen – u. a. Lloyd Warner, Alfred I. Halowell und Melford Spiro –, Kulturen unter dieser Fragestellung zu untersuchen. So kam es z. B. zu einer Zusammenarbeit zwischen der Anthropologin Cora Du Bois und dem Psychoanalytiker Abram Kardiner, die die Bevölkerung auf der indonesischen Insel Alor untersuchten. Dabei analysierte Kardiner »blind« eine Reihe projektiver Tests (TAT, Rorschach) sowie anthropologische Feldprotokolle und gelangte so zu bestimmten Urteilen über die betreffende Kultur, die durch die von Du Bois unabhängig verfaßte Schilderung der Bevölkerung bestätigt wurden.

Aus diesem Forschungsansatz entwickelte sich in kurzer Zeit das Interesse an einem »Nationalcharakter«. Es wurde angenommen, daß die Angehörigen einer Nation bestimmte einheitliche Züge aufwiesen, die insgesamt die Persönlichkeit ihres Volkes ausmachten. So unternahm Benedict eine Untersuchung der Japaner: *The Chrysanthemum and the Sword* (1946); Erich Fromm widmete sich den »anal-sadistischen« Merkmalen des deutschen Charakters, die das deutsche Volk für einen Autoritarismus anfällig machten: *Escape from Freedom* (1941, dt. *Die Furcht vor der Freiheit*, 1975); Theodor W. Adorno stützte sich auf Arbeiten des Frankfurter Instituts für Sozialforschung (*Studien über Autorität und Familie*, 1936) und veröffentlichte 1950 zusammen mit Nevitt Sanford und Elsie Frenkel Brunswick, zwei Psychologen, *The Authoritarian Personality* (dt. *Der autoritäre Charakter*, 1968), eine Arbeit, mit der unterschwellige Anfälligkeiten für den Faschismus in der amerikanischen Gesellschaft aufgedeckt werden sollten; die Anthropologen Margaret Mead und Geoffrey Gorer untersuchten den russischen Charakter und behaupteten, die Modalitäten beim Wickeln der Kleinkinder führten zu einem Charakter, der zu extremen Gefühlsausbrüchen ebenso neigte wie zu Verdrängung; Henry Dicks, ein englischer Psychiater, und Nathan Leites, ein Politikwissenschaftler mit psychoanalytischer Ausbildung, versuchten den hervorstechendsten Persönlichkeitseigenschaften der Bolschewisten nachzuspüren. Länger als zwei Jahrzehnte waren Anthropologie, Theorie der Persönlichkeit und bis zu einem gewissen Grad auch die Soziologie fast gänzlich beherrscht von dem Forschungsfeld »Kultur und Persönlichkeit«. Zu Anfang der 70er Jahre war dieser Bereich jedoch so gut wie verschwunden. Die Gründe dafür sind in ihrer Rätselhaftigkeit äußerst faszinierend, und ich werde auf sie noch zu sprechen kommen.

Die zweite Verheißung betraf die Soziologie, wo bis Anfang der 70er Jahre ein ähnlicher »Funktionalismus« die Szene beherrschte (der sich allerdings unmittelbarer aus den Arbeiten Emile Durkheims und indirekt aus den Veröffentlichungen Bronislaw Malinowskis ableitete). Die führende Persönlichkeit war hier Talcott Parsons von der Harvard University, ein Theoretiker von höchsten Graden. Für Parsons erfolgt die Integration einer Gesellschaft über ihr »Wertesystem«, und diese Werte, die als verhaltensteuernde Normen zum Ausdruck kommen oder die von den einzelnen Individuen übernommenen Rollen vorschreiben, legitimieren die grundlegenden Modi des gesellschaftlichen Verhaltens. Die amerikanische Gesellschaft ist beispielsweise dadurch charakterisiert, daß sie instrumentellen Aktivismus und Leistung hoch bewertet – Elemente aus dem Erbe des Protestantismus mit seiner diesseitigen Ausrichtung (im Gegensatz etwa zum Quietismus und Pietismus oder der Jenseitigkeit buddhistischer und anderer außerwestlicher Gesellschaften) und dem calvinistischen Gebot rastloser Arbeitstätigkeit. In den Arbeiten von Robert K. Merton von der Columbia University wurden diese Überlegungen darauf angewandt, in welcher Weise unterschiedliche »Rollen« in der Sozialstruktur ihre Ausprägung erfahren.

Der Ehrgeiz Parsons' zielte jedoch nach Höherem. Er suchte nach einer allgemeinen Theorie des sozialen Handelns. In dieser Hinsicht ging Parsons weiter als jeder andere Soziologe zu seiner Zeit und machte damit auch die Grenzen und Schwächen seines Ansatzes deutlich.

Um eine allgemeine Handlungstheorie aufzustellen, muß man zunächst den vollständigen Bereich von Handlungstypen festlegen (in der Fachsprache: das System schließen), bevor es möglich ist, deduktive Aussagen über die Handlungsformen (z. B. eine Revolution) und die Bedingungen zu machen, unter denen ihr Auftreten zu erwarten ist. Es ist ein Modell nach dem Vorbild der Naturwissenschaften, insbesondere der klassischen

Mechanik. Um sein System zu schließen, mußte Parsons erst zwei theoretische Ziele verwirklichen.

Als erstes mußte er eine Reihe von Begriffe definieren, die einen erschöpfenden Bereich möglicher Handlungskombinationen absteckten (etwa so, wie die Newtonsche Mechanik die geringstmögliche Anzahl von Gesetzen angibt, aus denen alle denkbaren zukünftigen Zustände des Himmelssystems abgeleitet werden können). Bis zur Wende zum 20. Jahrhundert waren soziologische Theorien immer auch historische Theorien, z. B. die der Marxschen Gesellschaftsformationen, die sich entsprechend der vorherrschenden Produktionsweise von der Sklavenhaltergesellschaft über den Feudalismus zum Kapitalismus entwickeln. Marx nahm jedoch ein festes Muster dieser Entwicklung an, bei dem auf den Kapitalismus zwangsläufig der Sozialismus folgte. Das setzte voraus, daß das westliche Muster (das auf der Entfaltung der Vernunft, auf Hegels Konzept des Bewußtseins oder auf der technischen Naturbeherrschung durch den Menschen und der wirtschaftlichen Produktion beruhte) das Modell abgab, dem alle anderen Gesellschaften folgen würden, und daß der Gang der Weltgeschichte mehr oder weniger unerbittlich vorgezeichnet war.

Gab es hingegen keine solche historische Determiniertheit, dann blieb man mit Wilhelm Dilthey im Morast des historischen Relativismus stecken.

Die erste Generation von Soziologen (Tönnies, Durkheim und Weber) wollte einer deterministischen Geschichtsphilosophie ebenso entgehen wie einem blutleeren Relativismus, indem sie bestimmte modale, ahistorische Typen gesellschaftlicher Beziehungen definierte, z. B. Gemeinschaft und Gesellschaft, organische und mechanische Solidarität oder traditionelles und rationales Handeln, anhand deren sich soziale Muster klassifizieren ließen. Der grundlegende Gegensatz war der zwischen festverbundenen, eng benachbarten, ursprünglichen und undifferenzierten Gruppen (Familien, Stämme oder kleine Nachbarschaften) und dem unpersönlichen, lockeren und differenzierten Gesellschaftsverband moderner Großstädte.

Parsons erschien diese Typologie zu einfach, und an ihre Stelle setzte er in seinem Buch *The Social System* (1951) die fundamentalen »pattern-variables«:

Normen:	universalistisch	–	partikularistisch
Status:	erworben	–	zugeschrieben
Verpflichtungen:	spezifisch	–	diffus
Emotionen:	neutral	–	affektiv

Normen sind universalistisch, wenn es ein Verdienstsystem gibt, das allen offensteht, und sie sind partikularistisch, wenn bestimmte Gruppen gegenüber anderen bevorzugt oder diskriminiert werden. Gesellschaftlicher Rang (Status) oder Position wird entweder aufgrund von individuellen Fähigkeiten erworben oder durch Geburt (wie in Erbfolgesystemen) oder Zuweisung (z. B. bei Quotensystemen) zugeschrieben. In ähnlicher Weise lassen sich Gesellschaften danach klassifizieren, wie sie diese unterschiedlichen Werte behandeln. So lassen sich etwa die USA von England im Hinblick darauf unterscheiden, daß die Chancen sozialer Mobilität in den USA offener (universalistisch) und in England begrenzter (partikularistisch) sind. Der Sinn dieses Schemas liegt darin, daß es eine erschöpfende Terminologie bietet, mit der alle Formen sozialer Situationen und Gesellschaftstypen erfaßt werden können.

Parsons ging sogar noch weiter, als er (in Zusammenarbeit mit Edward A. Shils und Kollegen der Harvard University wie dem Anthropologen Clyde Kluckhohn und dem Psychologen Gordon W. Allport) eine allgemeine Handlungstheorie aufstellen wollte, ein umfassendes System zur Analyse sozialer Handlungen, ähnlich der Theorie des wirtschaftlichen Gleichgewichts von Léon Walras. Seine Bestrebung war von einer entscheidenden Überlegung geleitet, die näher erläutert werden muß.

Eine allgemeine Theorie des sozialen Handelns ist keine Menge von deskriptiven Aussagen oder eine Zusammenfassung aller empirischen Erkenntnisse über ihren Gegenstand. Sie ist vielmehr ein analytischer Rahmen, der dem Sozialwissenschaftler die Möglichkeit bietet, verschiedene Handlungstypen zu unterscheiden, unterschiedliche Ebenen der Komplexität zu erkennen und sinnvolle Vergleiche zwischen scheinbar grundverschiedenen Phänomenen anzustellen. Auch dieses Modell folgt dem Vorbild der klassischen Mechanik. Aber nach der Logik der klassischen Mechanik hat es der Wissenschaftler nicht mit konkreten Körpern zu tun, sondern mit Aspekten oder Eigenschaften *aller* Körper, die als ein Ganzes aufgefaßt werden. Als Galilei das Fallgesetz darstellte, beschrieb er nicht die Flugbahn eines *einzelnen* Körpers (er hätte das gar nicht gekonnt, weil diese zu vielen unberechenbaren zusätzlichen Einwirkungen ausgesetzt war), sondern die Eigenschaften *jedes* Körpers während des freien Falls, z. B. Masse, Geschwindigkeit, Beschleunigung usw. Genauso geht es bei einer allgemeinen Theorie des Handelns nicht um konkrete Gesellschaften, sondern um Gesellschaft als analytische Abstraktion und um die Eigenschaften von Gesellschaft als analytische Dimensionen. Das Parsonssche Schema sieht vier Systeme vor: ein kulturelles (mit den vier Dimensionen kognitiv, expressiv, beurteilend und transzendental), ein soziales mit vier Dimensionen, ein Persönlichkeits- und ein Organismussystem. Man könnte die vier Dimensionen des kulturellen Systems ebensogut als Naturwissenschaft, Kunst, Philosophie und Religion bezeichnen. Aber damit würde man sie als unabhängige Einheiten behandeln, während es Parsons darum zu tun ist, zu untersuchen, in welcher Hinsicht sie Eigenschaften eines einzigen kulturellen Systems sind.

Ganz ähnlich versuchte Parsons zu zeigen, auf welche Weise eine soziale Einheit ihre Stabilität oder ihr Gleichgewicht zu bewahren strebt, indem sie vier Funktionen erfüllt – Zieldefinition, Integration, Anpassung und Spannungsbewältigung – und daß die verschiedenen Institutionen einer Gesellschaft – Wirtschaft, Regierung, Kulturinstitutionen – sich darauf spezialisiert haben, die eine oder andere dieser Funktionen zu übernehmen.

Bevor wir auf kritische Einwände eingehen – viele davon sind übrigens trivial oder ignorant und wenden sich gegen den »Jargon« dieser Theorie, ein Begriff, der beispielsweise auf das Fachvokabular einer poetischen Untersuchung kaum angewandt würde –, müssen wir erst die Absichten verstanden haben, die sich mit dieser Theorie verbinden. Marx wollte eine allgemeine Theorie der Gesellschaft aufstellen und verwendete hierfür Begriffe wie »Überbau« und »Unterbau«, »Produktionsweise«, »Klassenkampf« usw. Er nahm an, das Geheimnis von Gesellschaft liege in der grundlegenden Klassenspaltung, die wiederum in der Produktionsstruktur verankert war, und seine Theorie sah kaum Möglichkeiten vor, die Autonomie oder die Differenzierungen politischer und kultureller Systeme zu erklären. (So sind das Deutsche Reich, die Weimarer Republik, das Dritte Reich und die Bundesrepublik Deutschland unter wirtschaftlichem Aspekt allesamt kapitalistisch, und dennoch unterscheiden sich die politischen Systeme der einzelnen Perioden beträchtlich). Max Weber wollte einen analytischen Rahmen bereitstellen, indem er sich vorwiegend den Typen rationalen und nicht-rationalen Handelns in der Gesellschaft zuwandte. Parsons ging im Rahmen einer *ahistorischen* Analyse am weitesten, da er eine vollständige Morphologie der Gesellschaft entwickeln wollte. Diese ungeheure Anstrengung, die mehr als 35 Jahre seines Lebens in Anspruch nahm, gehört zu den eindrucksvollsten Beiträgen zur Sozialwissenschaft.

In gewisser Hinsicht ist er in seinem Bemühen allerdings gescheitert. Der Grund dafür liegt wohl weniger in dem von ihm gewählten Abstraktionsniveau als in der Widerspenstigkeit der Soziologie gegenüber dem Modell, von dem Parsons sich leiten ließ, der klassischen Mechanik. Die Wirtschaftswissenschaft beispielsweise verfährt mit konkreten Dingen – wie Stahl, Zinn oder Kautschuk – nur in der Weise, daß sie diese in abstrakte Kategorien übersetzt wie »Produktionsfunktion« (die Zusammensetzung der einzelnen Produktionsfaktoren zu relativen Preisen für unterschiedliche Produktionsmengen) oder »Hang zum Verbrauch« und anschließend homogenisiert, indem sie sie auf ein gemeinsames Maß – das Geld – reduziert, und schließlich in der theoretischen Analyse die Tauschverhältnisse variiert. Termini wie Investition, Preis oder Verbrauch gelten für alle Gesellschaften, doch zugleich kann man auch beobachten, auf welche Weise ihr Austausch ein vielfach verknüpftes System bildet. Auch die Soziologie arbeitet mit allgemeinen Begriffen wie Macht, Herrschaft oder Status, aber es ist schwierig, sie auf ein Maß des Austausches zu reduzieren, so daß man lediglich formale Typologien bilden kann, etwa die Einteilung in Aristokratie, Monarchie und Republik von Montesquieu oder die heute gängige Unterscheidung von autoritären, totalitären und anderen Demokratien. Kurz, selbst wenn eine allgemeine Theorie praktikable Begriffe bereitstellt, mit deren Hilfe wir den gesamten Bereich menschlichen Handelns überblicken können, so fehlt doch die Möglichkeit, die Austauschprozesse tatsächlich aufzuzeigen, und selbst wenn wir annehmen, daß Gesellschaften oder Institutionen danach streben, Stabilität oder ein homöostatisches Gleichgewicht zu erlangen oder aufrechtzuerhalten, so sind die Mittel zur Analyse dieser Prozesse bestenfalls metaphorischer Art.

Man hat der strukturfunktionalistischen Soziologie vorgeworfen, sie sei politisch konservativ, weil sie ihr Hauptaugenmerk auf Integration und Gleichgewicht richtet.[20] Doch die eigentlichen Probleme dieses Ansatzes sind erkenntnistheoretischer und philosophischer Natur. Sie liegen im Zentrum der Frage, ob eine Sozialwissenschaft und vor allem die Soziologie jemals eine allgemeine Theorie der Gesellschaft oder ein geschlossenes System aufstellen kann. Bereits Marx suchte nach einer allgemeinen Theorie, die auf ihre Weise nicht weniger funktionalistisch war, da er annahm, jede Gesellschaft werde durch ein inneres Prinzip zusammengehalten, die Produktionsweise. Parsons trieb dieselbe Überlegung auf die Spitze, als er eine umfassende Morphologie sozialer Institutionen und Handlungen erstellen wollte. Es war ein ehrenvoller Versuch, und außerdem war es eine der großen geistigen Leistungen jener Generation. Daß die an sein Vorhaben geknüpften Verheißungen sich nicht erfüllt haben, schmälert sein Verdienst keineswegs, sondern zeigt uns lediglich, daß es möglicherweise immanente Grenzen gibt, an denen jeder ähnliche Versuch scheitern muß.

Ein dritter verheißungsvoller Ansatz von Bedeutung zeigte sich vor allem nach 1960 in den Sozialwissenschaften. Es war der Versuch, die Sozialwissenschaften für sozialpolitische Zwecke nutzbar zu machen. Da die entsprechenden Bemühungen höchst unterschiedlicher Natur und oftmals schlicht empirisch waren – d. h. mit Forschungs- und Analyseverfahren arbeiteten, ohne diese auf eine bestimmte Theorie zu beziehen –, wäre es schwierig, selbst die wirklich bedeutsamen Studien hier aufzuführen. So bleibt mir nichts anderes übrig, als die Grundgedanken und Absichten dieser Ansätze zu skizzieren.

a) *Soziale Indikatoren.* Das Beispiel der Wirtschaftswissenschaftler, die nach dem Zweiten Weltkrieg ein System der volkswirtschaftlichen Gesamtrechnung entwickelt hatten, lenkte das Interesse der Soziologen fast zwangsläufig auf die Frage, ob es möglich war, ein ähnliches System von sozialen Indikatoren zu erstellen, und ob sich diese Indikatoren vielleicht sogar ähnlich wie in der volkswirtschaftlichen Gesamtrechnung zu sozialen Konten zusammenstellen ließen. Die mit diesen Überlegungen verknüpften Fragen lauteten etwa: Wir wissen, wieviel Geld für Ärzte, Krankenschwestern und Kliniken ausgegeben wird, aber ist unser Land jetzt »gesünder« als vorher oder nicht? Wir wissen, wieviel Geld für Schulen und Lehrer ausgegeben wird, aber nicht, ob die Schüler mehr lernen. Wir haben enorme Wanderungsbewegungen vom Land in die Städte und zwischen unterschiedlichen Regionen erlebt – werden dadurch Familien auseinandergerissen, gibt es möglicherweise einen Zusammenhang zwischen Abwanderungsquoten und der Häufigkeit von Verbrechen usw.? Das US-Ministerium für Gesundheits-, Erziehungs- und Sozialwesen berief 1966 einen Ausschuß über soziale Indikatoren ein; dessen Leitung oblag Daniel Bell und William Gorham, dem später Alice Rivlin folgte, und Mancur Olsen war als Stabsdirektor vorgesehen. Der Ausschuß veröffentlichte im selben Jahr ein Dokument unter dem Titel »Toward a Social Report« – es waren die letzten Tage der Johnson-Regierung. Seit dieser Zeit gibt es zahlreiche Versuche, soziale Indikatoren der verschiedensten Art für ausreichende Umweltbedingungen, Lebensqualität usw. zu konstruieren. Aus mehreren Gründen, die im folgenden Abschnitt erörtert werden, fielen die Ergebnisse ziemlich unterschiedlich aus, und die mit diesen Ansätzen verknüpften Versprechungen blieben weitgehend unerfüllt.

b) *Gesellschaftliche Prognosen.* Im Jahr 1965 setzte die American Academy of Arts and Sciences eine Kommission zum Jahr 2000 unter dem Vorsitz von Daniel Bell ein. Ihr gehörten 30 Mitglieder an, unter ihnen Wassily Leontief, Zbigniew Brzezinski, Daniel P. Moynihan, Robert C. Wood und andere, die später einen Regierungsposten antraten. Nach zwei Buchveröffentlichungen, *Towards the Year 2000* (1968, Hg. Daniel Bell) und *The Year 2000* (1967, Hg. Herman Kahn und Anthony Wiener) unter der Schirmherrschaft der Kommission, wurden zehn Arbeitsgruppen gebildet, die Einzelfragen untersuchen sollten, von der Struktur der amerikanischen Regierung (was zu dem von Harvey S. Perloff herausgegebenen Buch *The Future of the United States Government Toward the Year 2000* führte) bis zu Fragen über Werte und Rechte, den Lebenszyklus, die Zukunft des Computers, von Bildungsinstitutionen und dergleichen.

Die Bewegung der »Zukunftsforscher« breitete sich schnell

und in allen Bereichen aus.[21] Ähnliche Bewegungen entstanden in England, Frankreich und Polen. Eine Vielzahl von Organisationen hat sich auf systematische Prognosen verlegt. Die World Future Society, eine Organisation mit 25000 Mitgliedern, ist zu einer Drehscheibe für die verschiedensten Untersuchungen und Spekulationen geworden. Auch hier fallen die Ergebnisse weit hinter die Erwartungen zurück, ein Punkt, auf den ich noch zurückkommen werde.

c) *Soziale Evaluierung.* Heute ist die soziale Evaluierung ein fester Bestandteil der Regierungspolitik. Wenn Milliarden Dollar für Regierungsprogramme ausgegeben werden, ist es unvermeidlich, daß die Regierung auch wissen möchte, wie erfolgreich diese sind und wie weit sie sich in der politischen Planung auf Forschungsergebnisse stützen kann.

Das herausragende Beispiel für eine soziale Evaluierung – das außerdem während eines Jahrzehnts besonders hohe Aufmerksamkeit auf sich lenkte – ist der sogenannte »Coleman-Report« von James S. Coleman, damals an der Johns Hopkins University und heute an der University of Chicago. Sein Thema waren die Auswirkungen der Rassentrennung an Grund- und höheren Schulen des Landes auf das Leistungsniveau von Schülern, die einer rassischen Minderheit angehören.

Das Bürgerrechtsgesetz aus dem Jahr 1964 enthält einen Passus, der praktisch unbemerkt geblieben ist und den Beauftragten für Bildung und Erziehung verpflichtete, eine Untersuchung über »mangelnde Möglichkeiten zur Wahrnehmung der für alle gleichen Bildungschancen« aufgrund der Zugehörigkeit zu einer bestimmten Rasse, Religionsgemeinschaft oder Nationalität anzustellen. Zwei Jahre lang überprüften Coleman und seine Mitarbeiter fast 600000 Kinder (aus fünf verschiedenen Alters- bzw. Schulstufen) an 4000 Schulen im ganzen Land und befragten 60000 Lehrer und die Leiter der betreffenden Schulen. Der 737 Seiten starke Bericht *Equality of Educational Oppor-*

tunity wurde 1966 vom Government Printing Office veröffentlicht.

Der Bericht hob zwei Punkte besonders hervor: Kinder aus Minderheitenfamilien haben bereits beim Eintritt in die Grundschule wesentliche Bildungsdefizite, die offensichtlich nicht der Schule anzulasten sind, und sie verlassen die Schule nach der zwölften Klasse mit einem noch größeren Bildungsrückstand gegenüber den anderen Angehörigen ihrer Altersgruppe, was zweifellos zumindest zum Teil an der Schule und am Unterricht liegt. Was diesen Befund so gravierend machte und die Fachwelt aufhorchen ließ, war die Prämisse Colemans (und implizit die jeder liberalen Gesellschaft), daß nämlich Schulen nur insoweit erfolgreich sind, als sie die Abhängigkeit der Lebenschancen eines Kindes von seiner gesellschaftlichen Herkunft verringern. Die Effektivität des Unterrichts mußte an seiner Fähigkeit gemessen werden, die Unterschiede auszugleichen, die die Kinder aus verschiedenen sozialen Gruppen beim Eintritt in die Grundschule mitbrachten, und genau das wurde von der Schule nicht geleistet.

Als Beweis für seine Schlußfolgerung verwies Coleman darauf – nachdem er die unterschiedlichen Schultypen miteinander verglichen und verschiedene Faktoren einer Multivarianzanalyse unterzogen hatte –, daß solche Faktoren wie Bildungsausgaben je Schüler, Ausstattung der Schulbücherei und eine Fülle ähnlicher Indikatoren und Unterrichtsmaßnahmen praktisch keinen Einfluß auf die Schulleistungen hatten, wenn man das »soziale« Umfeld der Schule, d. h. den Bildungshintergrund anderer Schüler und der Lehrer konstant hielt. Das führte Coleman zu der Behauptung, daß *»die Ursachen für die Ungleichheit der Bildungschancen zuallererst in der Familie selbst und in den kulturellen Einflüssen (liegen), denen die Familie unmittelbar ausgesetzt ist; sodann liegen sie in der Unfähigkeit der Schule, den Einfluß der familiären Umgebung auf die Leistungen der Schüler auszuschalten, und in der kulturellen Homogenität der Schulen, wodurch die* *sozialen Einflüsse der Familie und ihrer Umgebung festgeschrieben werden.«*[22]

Merkwürdigerweise blieb der Coleman-Report zunächst fast gänzlich unbeachtet. Es gab keine Berichterstattung in der *New York Times* oder in anderen überregionalen Medien. Der erste Kommentar erschien in der vierteljährlich erscheinenden Zeitschrift *The Public Interest*, dem weitere Besprechungen in verschiedenen pädagogischen Fachzeitschriften folgten, bis er dann schlagartig als Gesprächsthema in die Stiftungen und die schwarze Gemeinde selbst Eingang fand. Die ganz besondere Aufmerksamkeit richtete sich auf einen speziellen Punkt des Berichts – die kulturelle Homogenität der amerikanischen Schulen. Und die Reaktion, insbesondere der Schwarzen, war einhellig: wenn dies der Fall war, dann mußte der faktisch an den Schulen bestehenden Rassentrennung (die nicht aufgrund eines Gesetzes, sondern aufgrund der herrschenden Wohnverhältnisse existierte) ein Ende gemacht werden; und die wichtigste Möglichkeit hierzu war die Beförderung schwarzer Kinder zu Schulen mit bislang ausschließlich weißen Schülern und umgekehrt.

Dieses sogenannte »busing« wurde zu einem der schmerzhaftesten und die Gemüter entzweienden Probleme im politischen Leben der Kommunen. Ganze Städte wie Boston, Detroit und Los Angeles spalteten sich an dieser Frage. Die zweite wichtige Feststellung Colemans, die die familiäre und nachbarschaftliche Umwelt der Kinder aus Minderheitengruppen betraf, fand hingegen keine oder nur geringe Beachtung. Diese Frage war erstmals 1965 vom »Moynihan-Report« im Hinblick auf die schwarze Bevölkerung der USA angesprochen worden, als Moynihan Ministerialdirektor im Arbeitsministerium der Johnson-Regierung war. Ebensowenig beachtet wurde die Tatsache, daß es mit der Einführung von Schulbussen wahrscheinlich nicht getan war. So schrieb Coleman in einem Beitrag für die Zeitschrift *The Public Interest*:

»Es bedeutet keine Lösung, lediglich Geld in die Verbesserung der Physiklehrräume, Bücher oder Lehrmittel von Schulen zu stecken, die von bildungsmäßig benachteiligten Kindern besucht werden. Aus anderen Gründen reicht es ebenfalls nicht aus, einfach Busse für die Kinder zur Verfügung zu stellen oder in anderer Form eine rein formale Integration zu erreichen. (Eine der Nebenwirkungen wäre eine Verstärkung der Rassentrennung durch den Ausbau von Leistungskursen.)

Langfristig sinnvolle Maßnahmen dürfen auf keinen Fall darauf bedacht sein, die Schulbildung von Negern und anderer benachteiligter Schüler auf Kosten erzieherisch privilegierter Kinder zu verbessern. Das bedeutet die Einführung neuartiger Bildungseinrichtungen und eine enorme Steigerung der Bildungsausgaben – nicht nur im Interesse der benachteiligten, sondern aller Kinder. Mögliche Lösungen liegen in Schulparks (integrierte Schulzentren mit sämtlichen vorschulischen und schulischen Einrichtungen, A. d. Ü.) oder in Privatschulen, die durch Unterrichtsstipendien finanziert werden (unter der Aufsicht einer Bundesbehörde zur Gewährleistung der Rassenheterogenität), öffentlichen (oder öffentlich geförderten) Internaten (ähnlich der North Carolina Advancement School) oder noch anderen Neuerungen.«[23]

Es geht hier nicht um die Durchführbarkeit der Vorschläge, sondern darum, daß Coleman als Soziologe das Problem im Rahmen des gesamten gesellschaftlichen Umfelds des benachteiligten Kindes – Familie, Wohnviertel und Schule – gesehen hat. Aber sein Bericht löste eine heftige politische Kontroverse über eine einzige Frage aus – die des »busing«. Der Coleman-Report war vermutlich der sozialwissenschaftliche Bericht mit der größten Breitenwirkung in den USA nach dem Krieg. Aus seinen Ergebnissen und seinem weiteren Schicksal können wir einiges lernen.

Schwierigkeiten und Enttäuschungen

Betrachtet man die wichtigsten theoretischen Fortschritte in den Sozialwissenschaften von 1940 bis 1970, so stellt man fest, daß sie fast alle mehr oder weniger bestimmte Rückschläge erfahren haben.

In der Wirtschaftswissenschaft sah sich der Keynesianismus zunehmend Angriffen ausgesetzt. Ein Grund hierfür war seine Vernachlässigung der Geldtheorie. Für den neoklassischen Nationalökonomen zur Zeit Alfred Marshalls wurde der Umfang an wirtschaftlicher Tätigkeit an der Geldmenge gemessen und bis zu einem gewissen Grad durch monetäre Maßnahmen gesteuert. Für die Keynesianer, zumindest für die Extremisten unter ihnen, spielte das Geld überhaupt keine Rolle. Da sie in den Jahren der Depression nur einen schwachen Zusammenhang zwischen den Veränderungen der Geldmenge und der Höhe der Gesamtnachfrage beobachteten, behaupteten sie, die Geldpolitik habe nur einen geringen oder gar keinen Einfluß auf das Niveau der wirtschaftlichen Tätigkeit. In den letzten zehn Jahren ist dieses Argument von Milton Friedman und seinen Anhängern nachdrücklich in Frage gestellt worden. Als zweites Gegenargument wurde vorgebracht, eine »makroökonomische« Wirtschaftspolitik sei viel zu schwerfällig zur Steuerung oder, wie man sagt, »Feinabstimmung« einer Volkswirtschaft. Deshab kehrten die Wirtschaftswissenschaftler wieder zur »Mikroökonomie«, zum wirtschaftlichen Verhalten von Individuen und Einzelunternehmen zurück und versuchten, durch die Analyse von deren *Erwartungen* die Beziehungen aufzufinden, die zwischen mikroökonomischem und makroökonomischem Geschehen bestehen. Zum dritten wurde darauf verwiesen, daß die Theorie von Keynes mit ihrer weitgehenden Beschränkung auf die effektive Nachfrage implizit annimmt, jedes Angebot sei lediglich eine Reaktion auf die jeweils herrschende Nachfrage, während man heute davon ausgeht, daß Veränderungen des Angebots (z. B. Investitionen in neue Energiequellen oder die Substitution knapper Metalle oder Bodenschätze durch andere Güter) eher eine Funktion der staatlichen Politik oder langfristiger Erwartungen sind – Faktoren, die bei Keynes nicht berücksichtigt werden.

Das wirklich entscheidende Problem war die Inflation, mit der der Keynesianismus nicht fertig wurde. Dieser hatte sich seine Sporen damit verdient, daß er Maßnahmen zur wirtschaftlichen Gesundung nach den Jahren der Rezession vorschlug. Die von Walter Heller empfohlene und von Präsident Kennedy 1962 durchgeführte Steuersenkung galt zwar als Beweis für die Wirksamkeit einer keynesianischen Wirtschaftspolitik. Dennoch schien der Keynesianismus einer Inflation machtlos gegenüberzustehen und bot damit den Monetaristen Anlaß zu immer weiteren Angriffen. Wir werden auf diesen Punkt noch zurückkommen.

Die Verwendung des Bruttosozialprodukts (BSP) als Maßzahl zur Messung von wirtschaftlichem Wachstum ist aus Gründen kritisiert worden, die schnell einsichtig werden, wenn man weiß, was mit dieser Ziffer eigentlich genau gemessen wird. Erstens ist das BSP ein Maß für die Tauschvorgänge *auf dem Markt* und kann deshalb keine Dienstleistungen in den Privathaushalten (z. B. die Arbeit der Hausfrau) oder den Verbrauch auf einem Bauernhof erfassen, die beide jeweils zum Wohlbefinden einer Familie beitragen mögen, aber auf dem Markt nicht sichtbar werden. (Wie Arthur C. Pigou, Nachfolger Marshalls in Cambridge und einer der Begründer der modernen Wohlfahrtsökonomie, einst bemerkte: »Wenn ein verwitweter Vikar eine Haushälterin hat und ihr einen Lohn zahlt, dann ist das eine Vermehrung des Nationaleinkommens; wenn er sie anschließend heiratet, ist es eine Verminderung des Nationaleinkommens.«) Zum zweiten ist das BSP nichts anderes als eine *Addition* aller Güter und Dienstleistungen und macht zwischen ihnen keinerlei Unterschiede. Wenn beispielsweise ein Unternehmen seine Industrieabwässer in einen Fluß leitet, dessen Wasser anschließend geklärt werden muß, dann schlagen die Folgekosten bei der Berechnung des BSP positiv zu Buche. In den letzten Jahren haben Nationalökonomen wie James Tobin von der Yale University versucht, eine modifizierte Maßzahl für das BSP zu konstruieren, einen Index des Nettovolkswohlstandes, bei dem die Kosten für Dienstleistungen, die aller Wahrscheinlichkeit nach keine wirkliche Verbesserung der Lebensqualität zur Folge haben, abgezogen werden. Es hat sich allerdings als äußerst schwierig erwiesen, Lebensqualität und Volkswohlstand befriedigend zu definieren.

Die ökonometrischen Modelle sind stark verfeinert worden und haben eine Verbreitung erfahren wie nie zuvor, aber noch immer kämpfen die Konstrukteure von Modellen mit dem Problem der Ungenauigkeit der Vorhersagen. Dafür gibt es zwei Gründe: erstens sind die entscheidenden Variablen exogen, d. h. nicht im System enthalten und deshalb schwer einzuschätzen (z. B. politische Entscheidungen), und zweitens ziehen die wachsenden Unbestimmtheitsgrade (da die Wirtschaftssubjekte sich in unterschiedlicher Weise vor der Inflation schützen) Störungen in der Wirtschaft nach sich, und die Modelle können diese zum Teil unkontrolliert schwankenden Effekte nicht verfolgen. (Ich werde am Ende dieses Abschnitts, wo es um die theoretischen Grenzen der Sozialwissenschaften geht, auf diesen Punkt noch einmal zurückkommen).

Hatte sich schon die Simulierung von Wirtschaftsabläufen als eine vertrackte Angelegenheit herausgestellt, so galt das noch viel mehr für alle Bemühungen, menschliches Denken von Maschinen simulieren zu lassen. Wenn es einen einzelnen Begriff gibt, der das Problem erfaßt, so ist es der der »Komplexität«. Die Anzahl der Zellen im menschlichen Körper liegt in einer Größenordnung zwischen 10^{15} und 10^{16}. Die Anzahl der Neuronen im zentralen Nervensystem beträgt etwa 10^{10}. Wie John von Neumann bemerkt hat: »Wir haben bislang keinerlei Erfahrung mit Systemen von einer solchen Komplexität.« Ob wir derart komplizierte Systeme eines Tages beherrschen können, ist eine offene Frage. Auch die Sprache hat einige unvorhergesehene Hürden vor uns aufgebaut. Als die Linguisten die *syntaktischen* Grundregeln der Wortfolge zu entdecken begannen, hielten es Mathematiker und Computerwissenschaftler für eine vergleichsweise einfache Aufgabe, maschinelle Übersetzungsprogramme zu entwickeln, mit denen Computer in der Lage sein würden, Texte automatisch von einer Sprache in eine andere zu übersetzen. Während jedoch die syntaktischen Regeln von natürlichen Sprachen in künstliche oder Maschinensprachen umgesetzt werden können, lassen sich ihre *semantischen* Aspekte (Bedeutung, Nuancen, Mehrdeutigkeiten, Tonfall) nicht ohne weiteres in eine andere Sprache übertragen. Bereits die Idiomatik zieht fast unlösbare Probleme nach sich. Amerikanische Computerwissenschaftler erzählen sich gern die Geschichte, daß ein chinesischer Computer die Wendung »out of sight, out of mind« (aus den Augen, aus dem Sinn) so ins Chinesische übersetzte, daß sie anschließend ins Englische als »invisible idiot« zurückübersetzt wurde. Nun könnte man zwar einem Computer eine Sammlung von idiomatischen Ausdrücken einprogrammieren, aber die anderen genannten Probleme lassen sich weniger leicht lösen, und von einigen einfachen und weitgehend denotativen Sprachmengen oder bestimmten hochspezialisierten naturwissenschaftlichen Terminologien abgesehen, haben die Linguisten inzwischen den Gedanken an maschinelle Übersetzungen fast gänzlich wieder aufgegeben.

War es in der Linguistik und auf dem Gebiet der Simulation

menschlicher Erkenntnis- und Denkvorgänge durch Computer die Komplexität, so war es in der soziologischen Theorie zum Teil die Simplizität, die sich als Hauptproblem erwies. Einer der Gründe, warum das große Forschungsfeld »Kultur und Persönlichkeit« fast völlig von der Bildfläche verschwunden ist, war die Schwierigkeit, in großen und komplexen Gesellschaften (und bei näherer Untersuchung haben sich viele sogenannte »primitive« Gesellschaften ebenfalls als sehr komplex erwiesen, insbesondere in ihren hochentwickelten Verwandtschaftsstrukturen) Kulturmuster in metaphorischen oder holistischen Begriffen dingfest zu machen. Es ist auffällig, wie gegensätzlich die Muster sind, die in einer Kultur anscheinend gleichzeitig existieren oder einander ablösen und so die Vorstellung von einer Stabilität solcher Muster in Frage stellen. Wer beispielsweise Reiseberichte über England liest, der erfährt, daß die Engländer praktisch, wirklichkeitsnah und utilitaristisch denken, gesetzestreu sind und über gute Manieren verfügen; andere Schilderungen heben dagegen den Sinn für Romantik und das Traditionsbewußtsein, den Konservativismus im englischen Leben hervor, während wieder andere das Laute und Ausgelassene der auf dem Land lebenden Aristokratie und der Gentry betonen. Jeder Bericht erfaßt eine Teilperspektive, jede Verallgemeinerung mag für eine bestimmte Periode Gültigkeit haben. Aber eine sinnvolle oder gar wissenschaftliche Verallgemeinerung muß unveränderlich sein, d. h. für eine längere Zeitspanne gelten, oder wir müssen das Prinzip kennen, nach dem sich die Veränderung vollzieht. Entweder war die Verallgemeinerung falsch, oder wir kennen das Prinzip der Veränderung nicht.

In einem anderen Sinn hat sich auch das Parsonssche System als zu formalistisch erwiesen. Es liefert zwar ein ziemlich umfassendes Raster und eine analytische Terminologie, ist jedoch für sich betrachtet zu weit von jeder empirischen oder historischen Realität entfernt, als daß es sich auf eine solche zurückbeziehen ließe. Unter einem anderen Blickwinkel hat der Autor in seinem

1976 erschienenen Buch *The Cultural Contradictions of Capitalism* (dt. *Die Zukunft der westlichen Welt*, 1976) in Zweifel gezogen, daß es möglich ist, eine Gesellschaft als etwas Ganzheitliches zu begreifen. Jede Gesellschaft, so möchte ich behaupten, neigt aus mindestens zwei Gründen zur Desintegration. Zum einen wird der wirtschaftliche, kulturelle oder politische Bereich jeweils von eigenen zentralen Prinzipien gesteuert, die einander häufig diametral entgegenstehen. So wird beispielsweise die Wirtschaft in den modernen westlichen Gesellschaften vom Prinzip der Effizienz, Spezialisierung und Nutzenmaximierung beherrscht, das den einzelnen Menschen nur unter dem Aspekt seiner verschiedenen Rollen wahrnimmt. Die zentrale Struktur ist die einer Bürokratisierung. Demgegenüber ist das leitende Prinzip in der Politik das Gleichheitspostulat – Gleichheit vor dem Gesetz, Chancengleichheit und in mancher Hinsicht sogar Gleichheit der Ergebnisse, während das Strukturprinzip das einer Teilhabe ist. Zwischen Bürokratie und Teilhabe besteht ein innerer Widerspruch, und dieser Widerspruch hat die westlichen Gesellschaften in den vergangenen siebzig Jahren geprägt. Das zentrale Prinzip der Kultur ist das der Selbstverwirklichung und im Extremfall des schrankenlosen Genusses; das Beharren darauf, als ganze Person gesehen zu werden, und der von der Kultur geförderte Hedonismus geraten in Konflikt mit dem Effizienzprinzip und selbst mit dem Arbeitsethos des wirtschaftlichen Sektors.

Zum anderen zeigt sich eine Tendenz zur Desintegration im Hinblick auf den sozialen Wandel. Im technisch-ökonomischen Bereich gilt wegen der eindeutigen Substitutionsregel ein »lineares« Prinzip: ist ein Gerät, ein Werkzeug oder ein Produkt billiger, besser, leistungsfähiger oder energiesparender als ein vergleichbares Objekt, so wird es statt des bisherigen eingesetzt. In der Kultur gibt es jedoch weder ein lineares Prinzip noch einen »Fortschritt«. Boulez kann Bach nicht ersetzen, beide existieren nebeneinander. Die Kultur erweitert die moralischen und expressiven Möglichkeiten der Menschheit. Wenn das jedoch zutrifft, dann lassen sich die Sphären der Kultur und der Wirtschaft nicht miteinander in Einklang bringen, und die Vorstellung von Kulturen als einem einheitlichen Ganzen, von einer griechischen, römischen oder neuzeitlichen Welt (Hegel) oder von einer Abfolge unterschiedlicher, durch die vorherrschende Produktionsweise bestimmter Gesellschaftsformationen (Marx) oder die ganzheitliche Begriffssprache Spenglers oder Toynbees, ist falsch. Wenn diese Theorie der Desintegration richtig ist, benötigen wir verschiedene Kategorienschemata, um unterschiedliche geschichtliche Epochen zusammenzufassen.

Die Versuche, die Sozialwissenschaften für politische Entscheidungen nutzbar zu machen, sind auf methodologische und natürlich auch auf politische Schwierigkeiten gestoßen. Auf dem Gebiet der sozialen Indikatoren ist die Verwendung von Begriffen ein zentrales Problem. Die von mir bereits erwähnte Frage, ob ein Land nach bestimmten gesundheitspolitischen Maßnahmen »gesünder« ist als vorher oder nicht, läßt sich nur beantworten, wenn man sich auf eine Definition von »gesund« einigt. Die erste und konventionelle Antwort ist das Kriterium der Lebenserwartung. Aber je länger der einzelne heutzutage lebt, desto mehr Zeit verbringt er in Krankenhäusern, und damit steigen auch die ärztlichen Behandlungskosten. Wie lassen sich unterschiedliche Krankheiten und Gebrechen auf einen gemeinsamen Nenner bringen? In einem realistischen Sinne ist das unmöglich. In der Wirtschaft liegt der Fall einfacher, da es hier wie bereits gesagt möglich ist, Äpfel und Birnen, Kartoffeln und Automobile auf ein einziges Maß – den Geldwert – zurückzuführen und die Einheiten zu gewichten. Aber mit welcher Elle können wir Gesundheit messen, und wie gewichten wir die einzelnen Komponenten? Oder wie läßt sich feststellen, ob die Kriminalität in unserem Land zu- oder abgenommen hat? Scheinbar liegt das Problem ganz einfach. Aber – einmal abgesehen von den Verbrechen, die nicht zur Anzeige gebracht werden –

hier stellt sich das prinzipiell gleiche Problem, wie sich nämlich die Häufigkeitsziffern der Morde, Vergewaltigungen, Raubüberfälle, Diebstähle, Einbrüche usw. zu einem einzigen Index zusammenfassen und gewichten lassen. Eine Möglichkeit wäre die Einführung von »Schattenpreisen«. Im Fall der Kriminalität wäre die entsprechende Währung die »Zeit«. Wieviel Jahre Gefängnis erhält ein Mörder, Dieb oder Einbrecher? Hier erhebt sich die Schwierigkeit, daß die Richter keine einheitlichen Urteile fällen. Wegen dieser begrifflichen Probleme ist die Forschung über soziale Indikatoren in den letzten Jahren nicht richtig weitergekommen.

Die Gesellschaftsprognostik hat wieder mit anderen Schwierigkeiten zu kämpfen. Diese lassen sich am besten verstehen, wenn wir eine zugegebenermaßen etwas willkürliche Unterscheidung einführen zwischen Voraussage und Prognose. Eine Voraussage bezieht sich auf eine bestimmte Person, ein einzelnes Ereignis: Wer gewinnt die nächste Wahl, wer wird Breschnews Nachfolger, wird der philippinische Diktator gestürzt? Da Ereignisse dieser Art jedoch vielen Zufälligkeiten oder Imponderabilien unterworfen sind, ist eine exakte Voraussage selten möglich, es sei denn, sie beruht auf gründlichen Kenntnissen oder Insiderinformationen. Gesellschaftliche Prognosen sind demgegenüber der Versuch, relevante gesellschaftliche Rahmenbedingungen oder übergreifende Strukturbeziehungen anzugeben, um auf diese Weise bestimmen zu können, wie die Probleme geartet sind, mit denen innerhalb einer gewissen Zeitspanne zu rechnen ist.

Einige dieser Rahmenbedingungen sind demographischer Art. Wir wissen zum Beispiel, daß in den meisten Regionen Lateinamerikas, Afrikas und Asiens der Anteil der Kinder und Jugendlichen unter 17 Jahren zwischen 40 und 50 Prozent der Gesamtbevölkerung ausmacht. In den westlichen Industrieländern liegt dieser Anteil zwischen 20 und 27 Prozent. Daraus läßt sich ablesen – und Mexiko ist hierfür ein besonders gutes Beispiel –, daß sich innerhalb des kommenden Jahrzehnts die Zahl der auf die höheren Schulen oder auf den Arbeitsmarkt drängenden Jugendlichen verdoppeln wird, so wie die westlichen Länder in den 60er Jahren einen plötzlichen Anstieg dieser Altersgruppen zu verzeichnen hatten. Wie kann die Wirtschaft eines der betroffenen Länder diesem Ansturm an Arbeitsuchenden begegnen? Oder wir wissen, daß in den von Asiaten bewohnten Regionen der Sowjetunion die Geburtenrate fast doppelt so hoch ist wie in den europäischen Gebieten. Noch 15 Jahre, und die Russen werden innerhalb der Sowjetunion nur noch eine Minderheit darstellen. Von zehn sowjetischen Soldaten werden drei Moslems sein. Wie werden die Planer in der Sowjetunion darauf reagieren? Werden sie versuchen, die enorme Überschußbevölkerung Innerasiens im europäischen Teil Rußlands anzusiedeln und die damit verbundenen möglichen ethnischen Spannungen in Kauf nehmen? Oder werden sie in Asien neue Industrien ins Leben rufen, was mit ungeheuren Kapitalinvestitionen verbunden wäre, und den Verlust ihrer politischen Kontrolle riskieren? Kurz, mit den Mitteln der Gesellschaftsprognose können wir Probleme benennen, ohne zu wissen, worin die – hauptsächlich politischen – Reaktionen bestehen.

Innerhalb eines anderen Bezugsrahmens können wir z. B. zeigen, daß es in den westlichen Gesellschaften eine Abkehr von der Güterherstellung und eine verstärkte Entwicklung des Dienstleistungssektors gibt. In den Vereinigten Staaten werden im Jahr 2000 vermutlich nur noch zehn Prozent der Beschäftigten unmittelbar in der Industrie tätig sein. Wem dies übertrieben niedrig erscheint, der sei daran erinnert, daß bereits heute in den USA nur noch 17 Prozent der Erwerbstätigen in einem Industriebetrieb arbeiten, und angesichts des Einsatzes von Mikroprozessoren und numerisch gesteuerten Werkzeugmaschinen in der Produktion kann sich das Tempo der Verschiebung sogar noch beschleunigen. Und im übrigen – wer hätte vor 50 Jahren die Prophezeiung gewagt, daß heute nur noch ganze vier Prozent der amerikanischen Erwerbstätigen in der Landwirtschaft beschäftigt sein und Nahrungsmittel für die gesamte USA – und andere Länder – produzieren würden? Der Übergang von einer industriellen zu einer postindustriellen Produktionsstruktur ist immer mit einer Verschiebung in der Gesellschaftsstruktur verbunden.

Die Grenzen der Sozialwissenschaften

Eine kritische Würdigung der Verheißungen und Enttäuschungen der Sozialwissenschaften in den Jahrzehnten nach dem Zweiten Weltkrieg ist keine Aufforderung zur Resignation, sondern zur Einsicht in die Grenzen einer *Sozial*wissenschaft. Diese läßt sich etwa so formulieren:

a) Eine Theorie oder ein Modell ist zwangsläufig eine Vereinfachung der Realität und kann unmöglich deren ganze Vielfalt vollständig abbilden. Etwas anderes anzunehmen hieße, einem »Irrtum der unzutreffenden Konkretheit« (A. N. Whitehead) zu erliegen. Insofern ist jede Theorie als Modell zur Erklärung einer – insbesondere sozialen – Wirklichkeit zwangsläufig gewissen Beschränkungen unterworfen.

b) Wissenschaft hat es grundsätzlich mit Ereignisklassen und nicht mit Einzelereignissen zu tun. Und häufig läßt sich der Gegenstand einer Wissenschaft besonders gut handhaben, wenn er abstrakt und homogen ist und wenn seine Eigenschaften in linearen Ausdrücken formulierbar sind, da die Mathematik nichtlinearer Gleichungen äußerst beschränkt ist. Die Einfachheit etwa der Chemie liegt darin, daß sie es mit in sich homogenen Elementen zu tun hat; so sind z. B. die chemischen Eigenschaften eines Wassermoleküls für alle anderen Wassermoleküle dieselben. Aber die in der Sozialwissenschaft auftretenden Fragen drehen sich häufig um besondere Situationen oder Ereignisse,

z. B. um den Willen oder den Charakter von Individuen. Wie Sidney Hook in seinem Buch *The Hero in History* (1943) bemerkt hat, gibt es Männer, die »Ereignisse machen«, und es trifft nicht zu, daß es stets die Ereignisse sind, die zum richtigen Zeitpunkt den richtigen Mann nach oben spülen. Ohne den eisernen Willen Lenins wäre die Oktoberrevolution möglicherweise nicht ausgebrochen. Hätte Charles de Gaulle 1958 nicht die schwache Regierung Guy Mollets und seiner Vorgänger gestürzt, wäre die Revolte der französischen Armee in Algerien gegen die französische Regierung vielleicht erfolgreich verlaufen.

c) Die meisten Ereignisse, selbst die in der Welt der Physik, sind nicht vollständig determiniert, sondern stochastisch, d. h. sie treten mit einer bestimmten Zufallswahrscheinlichkeit auf. Wir leben weder in einer rein Newtonschen Welt noch in der Mikrowelt der Quantenmechanik, sondern in einem sozialen Universum. In den letzten Jahrzehnten hat sich in der Mathematik ein Zweig entwickelt, der sich mit der Wahrscheinlichkeit von Ereignissen beschäftigt. Eine Zeitlang war John von Neumann sogar von der Möglichkeit einer exakten Wettervorhersage überzeugt, da hochentwickelte Computer zweifellos in der Lage sein würden, alle in der Atmosphäre aufeinander reagierenden Variablen in »Echtzeit« zu berechnen. Dem gegenüber hat Tjalling C. Koopmanns, der Träger des Nobelpreises für Wirtschaftswissenschaften 1975, darauf hingewiesen, daß ab einem bestimmten Punkt eine weitere Erhöhung der Komplexität die Ergebnisse immer unzuverlässiger macht. Der Versuch, auf der Basis von vollständigen Informationen zu perfekten Prognosen zu gelangen, bewirkt somit paradoxerweise genau das Gegenteil.

Wirklich erstaunliche Fortschritte gab es in der Zeit nach dem Zweiten Weltkrieg in der Methodologie und Technik empirischer Verfahren. Das gilt für die Spiel-, die Entscheidungs- und die Nutzentheorie, allesamt Möglichkeiten zur Erstellung von

Problemhierarchien und, was noch wichtiger ist, zur Verdeutlichung bestehender Wahlmöglichkeiten. In der Wirtschaftswissenschaft gab es Fortschritte auf dem Gebiet der Kosten-Nutzen-Analyse und der Planungsrechnung oder Netzplantechnik (die eine bessere zeitliche Verteilung bestimmter Arbeitsaufgaben ermöglicht). In der Soziologie wurde das Verfahren der multiplen Regressionsanalyse entwickelt, die es ermöglicht, die verschiedenen Hintergrundfaktoren auszuschalten, die ein Ergebnis beeinflußt haben oder darin eingegangen sind, sowie die Varianz zu berechnen, die jedem dieser Faktoren zugehört (so kann man z. B. zur Erfassung der Determinanten sozialer Mobilität den relativen Einfluß solcher Faktoren wie soziale Herkunft der Eltern, ethnische Zugehörigkeit, Schulbildung, Familiengröße, IQ usw. zu bestimmen versuchen). Daneben entstand die Netzwerkanalyse, mit deren Hilfe sich feststellen läßt, wie »Ereignisketten« oder »Vakanzketten« beim Auszug von Wohnungen oder bei der Kündigung von Arbeitsplätzen, wenn eine Fabrikanlage stillgelegt wird) ein ganzes Netzwerk oder eine Kette aus anderen Personen beeinflussen und dergleichen.

Selbstverständlich ist jede noch so entwickelte Methode nutzlos, wenn man sie nicht anwenden kann. Und in einer Hinsicht haben die Fortschritte der Methodologien und Techniken unsere Theorien überholt; anders ausgedrückt, Theorien werden häufig – notgedrungen – so formuliert, daß sie sich nicht überprüfen lassen. Hinzu kommt, daß zumindest in der Soziologie viele Theorien nur sehr grob oder als Entweder/oder-Schema formuliert werden, während es bei den praktischen Problemen zumeist um »mehr oder weniger« oder um die *Abweichungen* innerhalb einer Gruppe geht. Wenn man die schwache (und letzlich nichtssagende) Behauptung aufstellt, Armut sei die Brutstätte des Verbrechens, ist es sinnlos, ihren Wahrheitsgehalt zu überprüfen: weiter kommt man, wenn man sich fragt, wer unter den Armen Verbrechen begeht und wer nicht, und warum das so ist. Die plakative Formulierung einer Aussage oder Theorie erregt zwar Aufmerksamkeit, stellt jedoch nicht die wirksamste Möglichkeit dar, zum Verständnis des Problems beizutragen.

Im ersten Teil dieses Buches habe ich versucht, die vielversprechendsten Behauptungen der Sozialwissenschaften seit dem Zweiten Weltkrieg bis 1970 darzustellen. In den 70er Jahren gab es dann in den Sozialwissenschaften eine Reihe neuer und bedeutsamer Veränderungen, darunter einige radikal neue Ansätze wie etwa die Soziobiologie, ein neues Paradigma in der Wirtschaftswissenschaft und die Entwicklung etlicher neuer Ansätze, vor allem in der Mikroökonomie. In der Soziologie haben wir ein Wiedererwachen des Neomarxismus und eine Wendung zur Hermeneutik oder zur interpretativen Soziologie erlebt, eine Absage an den Positivismus der vorhergehenden Periode. Und in der Psychologie und Anthropologie gab es einen Aufstieg des Strukturalismus durch Jean Piaget und das kometenhafte Erscheinen von Claude Lévi-Strauss als eines der wichtigsten Protagonisten dieser Richtung. Mit diesen Entwicklungen werden ich mich im 2. Teil beschäftigen.

Teil II

In den 25 Jahren nach dem Zweiten Weltkrieg, von 1945–1970, schienen die Sozialwissenschaften im Begriff, eine Reihe umfassender Paradigmen anzubieten: in sich schlüssige theoretische Schemata, mit denen sich die bisherigen Bestände menschlicher Erkenntnis ordnen ließen, und zugleich zuverlässige Führer der Sozialpolitik und Gesellschaftsplanung, da sie sich neuer Forschungstechniken bedienten und mit mathematischen und quantitativen Verfahren arbeiteten, die bislang weitgehend den Naturwissenschaften vorbehalten waren. Hauptbeispiel hierfür war die Nationalökonomie. Einerseits wurde die neoklassische Theorie (in der Form, die Alfred Marshall ihr gegeben hatte) mit dem Werk von John Maynard Keynes zu einer neuen Synthese verbunden (die weitgehend mit dem Namen Paul A. Samuelson verknüpft ist), andererseits wurden neue Methoden der Makroökonomie entwickelt – z. B. die Konstruktion des Bruttosozialprodukts und die von Simon Kuznets, Colin Clark und Richard Stone entwickelte volkswirtschaftliche Gesamtrechnung, die Input-Output-Analyse von Wassily Leontief, die ökonometrischen Modelle von Lawrence Klein, die Formulierung der Planrechnung (»linear programming«) durch George Dantzig und die Messung des technischen Wandels durch Edward Denison und seine Integration in die Wirtschaftstheorie durch Robert Solow – all dies versprach die Werkzeuge des menschlichen Denkens zu vervollständigen, mit denen den Politikern die »Feinabstimmung« der Wirtschaft möglich würde, wie es hieß.

Andere sozialwissenschaftliche Entwicklungen waren ähnlich verheißungsvoll. Die Nutzbarmachung von Kybernetik, Sprachtheorie, kognitiver Psychologie und Computerwissenschaft schien eine neue Disziplin anzukündigen, die das menschliche Denken ebenso erfolgreich simulieren konnte wie die Gesellschaft. Die Theorie der »Kultur und Persönlichkeit«, die auf Ruth Benedict zurückgeht, wollte zeigen, wie sich »Urformen der Kultur« in modalen Typen der Persönlichkeit widerspiegelten, mit anderen Worten, sie wollte die Wechselwirkungen des

Sozialverhaltens nachweisen. In der Soziologie nahm der Struktur-Funktionalismus, der sich primär mit dem Namen Talcott Parsons verbindet, die Konstruktion einer »allgemeinen Theorie« der Gesellschaft in Angriff, indem er die Integrationsmechanismen in kulturellen und sozialen Systemen bestimmte. Und auf der Ebene der Regierungspolitik sollten hohe Ausgaben für sozialpolitische Programme und Forschungsprojekte den Beweis erbringen, daß gesellschaftliche Experimente und eine Evaluierung politischer Maßnahmen den Politikern ein breiteres Fundament für ihre Beurteilung der Verhältnisse im Gesundheits- und Bildungswesen, im Ausbildungssektor, bei rassischen Minderheiten und so weiter verschaffen konnten.

Die meisten dieser Verheißungen, die im ersten Teil dieses Buchs behandelt wurden, haben sich nicht erfüllt. In einigen Fällen wie in der Ökonomie gewann die Wissenschaft durch eine mathematische Formulierung zwar an Eleganz, wurde jedoch der komplexen sozioökonomischen Realität noch weniger gerecht als bisher. Der von Kybernetik und Computerwissenschaft versprochene Ansatz der »allgemeinen Systeme« war offenbar zu hoch gegriffen; zwar gab es einige größere und bedeutsame Fortschritte in Bereichen wie etwa der Computeranwendung auf das kognitive Lernen (vor allem die Arbeiten von Seymour Papert am MIT), aber die ehrgeizigeren Ansprüche wurden schließlich abgeschwächt. In der Anthropologie wurde der Ansatz »Kultur und Persönlichkeit« fast völlig aufgegeben, nachdem sich seine Prämissen als zu vereinfachend erwiesen hatten und sich herausstellte, daß es unmöglich war, kulturelle Muster als ganzheitliche zu begreifen, und daß eine Theorie der »Persönlichkeitsdynamik« nicht länger zu halten war. Der Struktur-Funktionalismus in der Soziologie, ein herausragender gedanklicher Versuch, eine vollkommene Morphologie der Gesellschaft zu liefern und in der Tradition des soziologischen Denkens von Max Weber und Emile Durkheim den gesamten Bereich des sozialen Handelns kategorial erschöpfend zu erfassen, war nach Überzeugung vieler Soziologen zu abstrakt und bot keine unmittelbaren Möglichkeiten, soziographische oder empirische Fragen zu behandeln. Und die Experimente der Sozialpolitik erwiesen sich im großen und ganzen als Fehlschläge, deren Ursachen bis heute umstritten sind. Manche Sozialwissenschaftler verwiesen völlig zu Recht darauf, daß einige dieser Programme von der Regierung als »sozialwissenschaftlich« ausgegeben wurden, ohne daß sie theoretisch oder praktisch etwas mit Wissenschaft zu tun gehabt hätten. Umgekehrt erhoben die Politiker den Vorwurf, die Ansätze der Sozialwissenschaftler seien zu abstrakt und zu schematisch gewesen, und sie hätten das *Politische* der Sozialpolitik nicht verstanden, weder im Hinblick auf regierungsinterne Prozesse noch auf die Reaktion der Bevölkerung. Was nun immer die Gründe waren, über die letztlich die Historiker urteilen müssen, Tatsache bleibt, daß sich auch in diesem Bereich eine Ernüchterung oder Desillusionierung ausbreitete.

In den 70er Jahren schlugen die Sozialwissenschaftler zwei auseinanderstrebende Richtungen ein. Für die Pessimisten war es eine Aufsplitterung des Forschungsfeldes; für die Optimisten hatten sich die Sozialwissenschaften auf irdischere, mehr empirische und überschaubare Forschungsprobleme zurückgezogen – alles in der Hoffnung, am Ende zu vertretbaren Verallgemeinerungen zu gelangen, mit denen sich die Disziplinen wieder miteinander verknüpfen ließen. Zweifellos hatte es auf den meisten Gebieten bedeutsame Fortschritte der quantitativen Forschungsmethoden und mathematischen Werkzeuge gegeben, und diese wurden nunmehr unverdrossen angewandt, um methodisch möglichst exakt jene Variablen herauszuarbeiten, die in den Augen der Forscher zur Lösung ihre Probleme besonders wichtig waren. So gab es zum Beispiel auf dem Gebiet der Medizinsoziologie erstaunliche Fortschritte in der Epidemiologie, nachdem die Häufigkeit von Krankheiten mit der Zugehörigkeit zu bestimmten Bevölkerungsgruppen in Beziehung gesetzt wurde.

Und bei Studien über soziale Mobilität konnte mit Hilfe sorgfältigster Regressionsmodelle und Pfadanalysen exakt gezeigt werden, auf welche Weise Faktoren wie Berufstätigkeit der Eltern, Zugehörigkeit zu einer ethnischen Gruppe, Schulbildung, IQ usw. die Chancen des gesellschaftlichen Aufstiegs des einzelnen bestimmen. Letzten Endes kam es zu einer Wendung zum »Empirismus« und einer Abkehr von großen Theorien – obgleich Kritiker dieser Entwicklung überzeugt sind, daß ein Empirismus ohne Theorie nichts anderes vermag, als endlos neue Ergebnisse anzuhäufen, und daß die Hoffnung, es würden sich eines Tages irgendwelche »Muster« zeigen, auf den Irrtum des Induktivismus hinausläuft.

Andererseits gab es in den 70er Jahren auch viele neue übergreifende Versuche, einige wenige Universalschlüssel zum Verständnis sozialen Verhaltens zu schmieden (ein unausrottbares Bedürfnis jeder Wissenschaft), und diese Bemühungen haben ihrerseits neue und oftmals hitzige Debatten ausgelöst. Seit 1970 lassen sich vier wichtige Entwicklungen in den Sozialwissenschaften feststellen:

1. Das Aufkommen der Soziobiologie als Versuch, das gesamte Sozialverhalten einheitlich durch die genetisch verankerten Parameter zu erfassen, von denen verwandtschaftliche Selektion, Territorialität, Arbeitsteilung, Gruppengröße etc. bestimmt wird, und zwar durch eine Zusammenfassung von Ethologie, Ökologie, Humangenetik und Neo-Evolutionstheorie.
2. Die Vielfalt neuer makroökonomischer Paradigmen in den Arbeiten von Herbert A. Simon, Harvey Leibenstein und Thomas Schelling.
3. Neue neomarxistische Schulen mit einer Fülle neuer Ansätze, die im großen und ganzen noch immer in exegetischen Streitereien darüber steckenbleiben, was Marx »wirklich« sagte oder sagen wollte.

4. Der Strukturalismus, ein an sich recht unpräziser Begriff, mit dem jedoch die Arbeiten von Lévi-Strauss in der Anthropologie, von Piaget in der Psychologie, von Roland Barthes in der Literaturwissenschaft, von Louis Althusser im Marxismus und Jacques Lacan in der Psychoanalyse sowie einer großen Schar von Epigonen gekennzeichnet wurden, die den Begriff in fast alle Wissensbereiche hineingetragen haben.

Es ist nahezu unmöglich, auf engem Raum und für den allgemein interessierten Leser die riesige Zahl empirischer Untersuchungen auf dem Gebiet der Sozialwissenschaften von 1970–1980 aufzuzählen oder auch nur verallgemeinernd zusammenzufassen. Deshalb beschränken wir uns darauf, im folgenden diese vier Entwicklungen näher zu untersuchen. Den Abschluß bilden Überlegungen zu der Frage, wie weit die Hoffnungen auf eine einheitliche Sozialwissenschaft oder ein universelles System berechtigt sind.

Soziobiologie

In ihrem Buch *Patterns of Culture* (1934; dt. *Urformen der Kultur* 1955) hat Ruth Benedict das zweiteilige Fundament dargestellt, auf dem die Anthropologie und die anderen Sozialwissenschaften ruhen: zum einen die Einmaligkeit der menschlichen Gattung, die im Gegensatz zu den übrigen Lebewesen zu den unterschiedlichsten Ausprägungen des Sozialverhaltens fähig ist, und zum anderen der Relativismus der Kultur angesichts der ungeheuren Vielfalt kultureller Muster. Wörtlich schreibt Benedict:

»... Es gibt Gesellschaften, bei denen die Natur durch biologische Mechanismen dafür sorgt, daß auch die unbedeutendsten Verhaltensformen sich immer wiederholen. Aber das sind nicht menschliche Gesellschaften ... beim Menschen ist es gerade umgekehrt. In seiner Keimzelle ist nichts von seiner Gesellschaftsordnung, seiner Sprache oder seiner Religion enthalten ... Die biologische Konstitution zwingt den Menschen nicht zum ängstlichen Festhalten an einer bestimmten, bis ins Kleinste vorgeschriebenen Lebensweise. Die äußerst verschiedenen Lösungen, welche die Menschheit in den verschiedensten Kulturen beispielsweise für den Geschlechtsverkehr oder den Handelsverkehr ausgetüftelt hat, sind alle auf Grund der natürlichen Anlagen des Menschen in gleicher Weise möglich ... Wir müssen alle Implikationen, die aus unserem menschlichen Erbteil resultieren, auf uns nehmen. Und dabei ist es wichtig, zu erkennen, welche kleine Rolle das biologisch überlieferte Verhalten und welche große Rolle die kulturelle Überlieferung spielt.«[1]

Gut 40 Jahre später veröffentlichte ein Mann, der sich bereits mit einem Standardwerk über Insektengesellschaften einen Namen gemacht hatte, E. O. Wilson von der Harvard University, ein Buch mit dem Titel *Sociobiology: The New Synthesis* (1975), das die Schöpfung einer wichtigen neuen Disziplin verhieß; diese sollte eine Verknüpfung zwischen Biologie und Sozialwissenschaften herstellen und Grundmuster des sozialen Lebens mit den theoretischen Prinzipien der neodarwinistischen Evolutionsbiologie erklären. Diese neue Disziplin bestritt von vornherein die »Einmaligkeit« der menschlichen Gattung; sie akzeptierte zwar die Mannigfaltigkeit des menschlichen Verhaltens, erklärte sie jedoch entwicklungsgeschichtlich als eine gattungsspezifische Strategie, die mit den Prinzipien in Einklang steht, die der Anpassung anderer Arten zugrundeliegen. Wilson schlug sogar vor (um nur ein einziges, kleines Beispiel anzuführen), Homosexualität auf die Anpassungsmechanismen einer Spezies zu beziehen, die den Zweck verfolgen, deren Genpool zu stärken. Die Soziobiologie stellte zwei Behauptungen auf: (1) die Biologie – insbesondere die Genetik – darf für die Erklärung einiger grundlegender und universeller Konstanten des menschlichen Verhaltens nicht ignoriert werden; (2) eine einheitliche Theorie vermag bestimmte Konstanten des Gruppenverhaltens auf verschiedenen Evolutionsstufen wie Territorialität, Paarung oder aggressive Reaktionen zu erklären und es ist möglich, Aspekte dieser Theorien auch auf das menschliche Sozialverhalten anzuwenden, sofern man dieses unter dem Blickwinkel einer langen Entwicklungsgeschichte betrachtet.

Wilsons Buch stieß zunächst auf spontane Zustimmung, die fast alle Beobachter überraschte, und bald wurde es zum Angelpunkt einer so vehement ausgetragenen Kontroverse, daß diese einen Platz in den Annalen der Geistesgeschichte verdient hätte. Trotzdem kam dieses Werk nicht völlig unerwartet. Wie sein Untertitel andeutet, versprach es eine Synthese. In den vorangegangenen vierzig Jahren waren in der Verhaltensforschung,

Ökologie und Humangenetik etliche neue Gedanken und Theorien entwickelt worden, und Wilson versuchte mit seinem Buch, aus alledem einige Grundprinzipien abzuleiten und in exakter Form, in vielen Fällen sogar mathematisch auszudrücken. Dieser Ansatz machte es zu etwas Besonderem. Um das Neue an ihm und den Kern der Auseinandersetzung darum zu verstehen, müssen wir die einzelnen Stränge seiner Darstellung entflechten und die von ihnen geweckten ideologischen Befürchtungen klären.

Bislang hatte man angenommen, tierisches Verhalten setze sich zusammen aus einfachen, teils angeborenen und teils gelernten Reaktionen auf einen Reiz oder ein Signal, z. B. einen Angriff oder ein Balzsignal. Aus den Arbeiten etlicher Ethologen, vor allem von Konrad Lorenz, Nikolaas Tinbergen und Karl von Frisch (die 1973 gemeinsam den Nobelpreis erhielten) ergab sich jedoch eine neue Auffassung vom tierischen Verhalten. Sie zeigten nämlich, daß Tiere über die angeborene Fähigkeit zu komplizierten Handlungsabfolgen als Reaktionen auf einfache Reize verfügen, d. h. daß die Reaktion nicht eindeutig festgelegt ist, sondern eine Vielzahl möglicher Reaktionen umfaßt, und daß bestimmte Verhaltensmuster angeboren sind. Mit anderen Worten, genetisch festgelegte Reaktionen müssen dem Druck der natürlichen Selektion ausgesetzt sein, und angeborenes Verhalten muß zur Evolution fähig sein. So konnte beispielsweise ein Bewegungsmuster aus dem Kontext der Nahrungsaufnahme sich zu einer ritualisierten Form mit Signalfunktion entwickeln wie beim Balzen oder einem Angriff und auf diese Weise aus einem nicht-kommunikativen zu einem kommunikativen Akt werden – vermutlich unter dem Selektionsdruck der Umwelt; und diese neuen, adaptiven Muster wurden dann auch von späteren Mitgliedern derselben Gattung benutzt.

In anderem Zusammenhang veröffentlichte der schottische Ökologe V. C. Wynne-Edwards 1962 ein Buch, *Animal Dispersion in Relation to Social Behaviour*, in dem er behauptete, praktisch jedes Sozialverhalten – einschließlich Dominanzhierarchien, Sicherung des Territoriums, die Bildung einer Vogelschar oder einer Herde von Säugetieren – seien ein Regulierungsmechanismus, um die zahlenmäßige Stärke der Population mit den ökologischen Beschränkungen der verfügbaren Lebensmittel in Einklang zu bringen. David Barash bemerkte hierzu: »Man wußte seit langem, daß sozial untergeordnete Exemplare einer Gruppe von Lebewesen selten Junge zur Welt bringen und daß es in der Natur kaum zu Übervölkerungen kommt. Nach Wynne-Edwards dienen soziale Gruppenbildungen dazu, die einzelnen Individuen über die lokale Populationsdichte zu informieren, so daß diese eine Übervölkerung vermeiden konnten, indem sie ihr eigenes Fortpflanzungsverhalten entsprechend regulierten.«[2]

Die Schwäche vieler dieser ethologischen Untersuchungen liegt jedoch darin, daß sie auf Naturbeobachtungen beruhen und nicht erklären können, wie sich angeborenes Verhalten entwickelt hat, d.h. sie erklären die genetischen Mechanismen nicht. Wie George C. Williams in seinem vielgelesenen Buch *Adaptation and Natural Selection: A Critique of Some Current Evolutionary Thought* (1966) feststellt, hat darüber hinaus die natürliche Zuchtwahl zu erklären, wie der Prozeß über die individuellen Vertreter einer Gattung vermittelt wird, und nicht über die Gruppe, da das genetische Muster jeweils von Individuen weitergegeben wird. Dieses Problem leitet bereits zum nächsten Strang über.

Hier geht es um die Arbeiten auf dem Gebiet der Humangenetik, die während des Zweiten Weltkrieges begannen und mit den Namen der Neodarwinisten Theodosius Dobzhanski, George Gaylord Simpson und Ernst Mayr verknüpft sind. Von letzterem stammt auch ein maßgeblicher Überblick über die Ergebnisse dieser Disziplin: *Populations, Species, and Evolution* (1970). Der klassische Darwinismus beruhte auf zwei Annahmen: der Vorstellung von der gemeinsamen Abstammung aller Säugetiere einschließlich des Menschen von einer einzigen ursprünglichen Gattung und der Idee der natürlichen Selektion oder Zuchtwahl als eines Mechanismus der Anpassung an die Umwelt, mit der sich die enorme Vielfalt der Arten erklären läßt. Aber Darwin hatte noch keine Vorstellung von der Ursache oder dem Wirkmechanismus dieser Vielfalt, er wußte nicht, auf welche Weise die Erbinformationen durch die Gene an die Nachkommen weitergegeben werden. Mendel machte seine Entdekkungen 1865, doch blieben diese weitgehend unbekannt oder unbeachtet und wurden erst 1900 richtig wahrgenommen.

Die neue darwinistische Synthese oder der Neodarwinismus, wie sie inzwischen genannt wird, geht aus von den jeweils besonderen Individuen einer Gattung, die in Populationen organisiert sind, innerhalb deren die Fortpflanzung stattfindet. Jedes biologische Individuum verfügt über zwei Komponenten: den *Genotyp* (die Gesamtheit aller Erbfaktoren, die jedoch nicht alle zum Ausdruck kommen müssen) und den *Phänotyp* (die beobachtbaren Merkmale eines Organismus, wie sie sich aus dem Erbgut *und* den Reaktionen auf die Umwelt entwickelt haben). Der Genotyp ist ein Teil des Genbestandes einer bestimmten Kreuzungspopulation, aber es ist das Individuum, der Phänotyp, der mit anderen Phänotypen um die erfolgreiche Fortpflanzung rivalisiert.

Wesentlich ist hier zum einen die Betonung des Individuums, des Phänotyps, und zum anderen die Abkehr von einem Begriff der Art als eines festen *Typus*, der sich qualitativ von anderen Typen unterscheidet. Jede Kreuzungspopulation, die als *Deme* bezeichnet wird, ist eine statistisch verteilte Menge von Genen im Genbestand (Genpool), eine Menge von Variationen, deren »Cluster« oder statistischer Mittelwert eine Abstraktion darstellt, da nur die einzelnen – von diesem Mittelwert abweichenden – Individuen wirklich sind. Die Bedeutung des Genbestandes liegt in der Verteilung der Abweichungen, aber allein der Erfolg oder Mißerfolg des einzelnen Individuums »befördert« die verschiedenen Merkmale im Genbestand. Mayr bemerkt hierzu:

»In einer Population aus Hunderten oder Tausenden besonderer Individuen gibt es einige, deren Gensätze dem gegenwärtig bestehenden Ensemble an ökologischen Bedingungen besonders gut angepaßt sind. Diese Individuen haben statistisch eine größere Chance zu überleben und überlebenstüchtige Nachkommen zu zeugen als andere Mitglieder der Population. Es ist dieser ... Schritt in der natürlichen Zuchtwahl, der die Richtung der Entwicklung bestimmt, indem die Häufigkeit derjenigen Gene und Genkonstellationen erhöht wird, die zu einer bestimmten Zeit und an einem bestimmten Ort einen Anpassungsvorteil gewähren, die Lebenstauglichkeit erhöhen, eine Spezialisierung fördern, eine Ausbreitung der Anpassung ermöglichen und damit das bewirken, was man etwas ungenau als evolutionären Fortschritt beschreiben könnte.«[3]

Der klassische Darwinismus hatte angenommen, daß jeder Organismus um das eigene Überleben und die Möglichkeit zur Fortpflanzung kämpft. Diese Theorie konnte jedoch nicht erklären, warum manche Lebewesen anderen Mitgliedern ihrer Art zu Hilfe kommen. Ein Präriehund bellt, wenn er ein Raubtier wittert. Diese Warnung ist ein Signal für die anderen Hunde und ermöglicht ihnen das rechtzeitige Entkommen, zieht jedoch die Aufmerksamkeit des Raubtiers auf den Warner und vermindert somit dessen Überlebenschancen. Wie läßt sich dieses »altruistische« Verhalten erklären? Eine Lösung wurde 1964 von dem englischen Genetikforscher W. D. Hamilton vorgeschlagen, der darauf verwies, daß »altruistisches Verhalten« das Überleben von Individuen sichert, die *gemeinsame* Gene haben.[4]

Die natürliche Zuchtwahl wird durch eine »verwandtschaftliche Selektion« ergänzt, d. h. daß ein Auftreten des altruistischen Verhaltens desto wahrscheinlicher ist, je näher dessen Nutznießer dem Urheber steht, genauer, je mehr Gene er aufgrund eines gemeinsamen Stammbaums mit ihm gemeinsam hat. Hamiltons Hypothese wird von der Beobachtung bestätigt. Die evolutionäre Anpassung ist also nicht das Ergebnis des Überlebens bestimmter Individuen, sondern des – anscheinend genetisch bestimmten – Verhaltens der Lebewesen, das Überleben ihrer nächsten Verwandten zu sichern.

Diese zusätzliche Theorie der »verwandtschaftlichen Selektion« ermöglichte eine engere Verzahnung zwischen evolutionärem Verhalten und einer Theorie des Sozialverhaltens und baute den Biologen eine Brücke von Insektengesellschaften zu Primaten und, wie sie selbst glauben, auch zum menschlichen Verhalten.[5] Zwar ist die Theorie der »verwandtschaftlichen Selektion« die wichtigste und weitreichendste Neuerung auf diesem Gebiet, der dritte Hauptstrang in Wilsons Werk, aber die Biologen haben noch andere Möglichkeiten vorgeschlagen, um das in Untersuchungen über Territorialität, Paarungshierarchien und Kommunikation beobachtete vielfältige Sozialverhalten der Tiere zu erklären.

Ziel der Soziobiologie ist die Verknüpfung der biologischen und der soziologischen Ansätze zur Erklärung des Verhaltens von Lebewesen. Um mit E. O. Wilson zu sprechen:

»Schon immer waren die Biologen fasziniert von Vergleichen zwischen Gesellschaften von wirbellosen Tieren, insbesondere Insektenvölkern oder -staaten, und solchen von Wirbeltieren. Sie träumten davon, gemeinsame Merkmale dieser so unterschiedlichen Gruppen aufzufinden, um auf diese Weise einen Einblick in sämtliche Aspekte der sozialen Evolution einschließlich der des Menschen zu gewinnen. Dieses Ziel läßt sich modern etwa so ausdrücken: *Wenn für die Untersuchung sowohl von Termitenstaaten als auch von Rhesusaffenherden dieselben Parameter und dieselbe quantitative Theorie verwendet werden können, dann haben wir eine einheitliche Wissenschaft der Soziobiologie.*«[6]

Wilson räumt ein, daß ein solcher Vergleich möglicherweise oberflächlich ist und eine bewußte Übervereinfachung darstellt, verweist jedoch auf die beeindruckenden funktionellen Ähnlichkeiten zwischen Insektenkolonien und Affenherden:

»Werfen wir einen Blick auf Termiten und Affen. Beide Arten

bilden kooperative Verbände, die jeweils ein Territorium besetzen. Die Mitglieder eines Verbands teilen sich gegenseitig Hunger, Alarmzustände, Feindseligkeit, Kaste oder Rang und Fortpflanzungsbereitschaft mit; zu diesem Zweck verfügen sie über nichtsyntaktische Signale in einer Größenordnung zwischen 10 und 100. Die einzelnen Individuen haben eine ausgeprägte Wahrnehmung dafür, wer zum Gruppenverband gehört und wer nicht. Eine entscheidende Rolle für die Verbandsstruktur spielt die Verwandtschaft, vermutlich die Haupttriebkraft bei der ursprünglichen Bildung der Gruppe. In beiden Gesellschaften herrscht eine deutlich wahrnehmbare Arbeitsteilung.«[7]

In Wilsons Verständnis hat es die Soziobiologie mit der effektiven Populationsgröße von Gruppen mit gemeinsamen Erbmerkmalen und mit dem Genaustausch zwischen ihnen zu tun. »Das Hauptziel einer allgemeinen Theorie der Soziobiologie«, so schreibt Wilson, »wäre die Möglichkeit, aus der Kenntnis dieser Populationsparameter in Verbindung mit Informationen über die artspezifisch angeborenen Verhaltensbeschränkungen der Art auf die zu erwartenden Grundzüge ihrer sozialen Organisation zu schließen.«[8]

In seinem Buch von über 600 zweispaltig bedruckten Textseiten untersucht Wilson in 26 Kapiteln jede Form von Tiergesellschaften, von maschinenähnlichen Quallenkolonien bis zu kreischenden Schimpansenherden, und behandelt Themen vom Zeit-Energie-Haushalt bis zum Paarungsverhalten und zur verwandtschaftlichen Selektion. Im 27. Kapitel geht es um den Menschen. Wilson räumt zwar die weit größere Formbarkeit und Variabilität menschlicher Sozialverbände ein, hält jedoch zumindest versuchsweise die Frage für sinnvoll, ob es für Klassenlage und Religion möglicherweise genetische Prädispositionen gibt, da die Menschen »lächerlich einfach zu indoktrinieren sind – sie *verlangen* geradezu danach.« In einem späteren Buch, *On Human Nature* (1978; dt. *Biologie als Schicksal*, 1980), formuliert Wilson das Problem allgemeiner, aber stringenter: »Sollten die erblichen Bestandteile der menschlichen Natur nicht aus der natürlichen Auslese hervorgegangen sein, dann gerät die fundamentale Evolutionslehre in Schwierigkeiten. Zumindest müßte die Evolutionstheorie abgeändert werden, um eine neue und bislang ungeahnte Form des genetischen Wandels in Populationen zu erklären. Ein Nebenziel der Human-Soziobiologie ist es deshalb, festzustellen, ob die Evolution der menschlichen Natur mit der konventionellen Evolutionstheorie in Einklang steht.«[9]

Der soziobiologische Ansatz ist sowohl aus ideologischen als auch aus sachlichen Gründen kritisiert worden. Die ideologische Kritik wurde von Linken und Liberalen geäußert, die befürchteten, die Soziobiologie könnte dem Rassismus und Konservatismus ideologische Dienste leisten, ähnlich wie bestimmte Aspekte des Sozialdarwinismus Ende des 19. und Anfang des 20. Jahrhunderts. Diese Befürchtungen waren nicht unbegründet. In den 60er Jahren hatten populärwissenschaftliche Autoren wie Robert Ardrey mit *African Genesis* (1961; dt. *Adam kam aus Afrika*, 1967) und *The Territorial Imperative* (1966; dt. *Adam und sein Revier*, 1968) und Desmond Morris mit *The Naked Ape* (1967; dt. *Der nackte Affe*, 1968) bestimmte Erkenntnisse der Verhaltensforschung zusammengefaßt und behauptet, daß Aggressivität, Territorialität und Hierarchie (d.h. die Hackordnung bei Tieren) angeboren oder »natürlich« und utopische oder liberale Vorstellungen von der Möglichkeit einer Änderung der menschlichen Natur ein Irrtum seien. Sachlicher argumentierten etliche Psychologen, die darauf verwiesen, daß schulische Leistungen weitgehend vom IQ abhingen und daß Fördermaßnahmen und andere Programme für benachteiligte Schüler zu aufwendig werden oder sogar scheitern könnten, wenn diese Tatsache nicht berücksichtigt würde. Der Psychologe Arthur Jensen behauptete, die Intelligenzprofile schwarzer und weißer Populationen wiesen deutliche Unterschiede auf. Richard Herrnstein sah das Problem nicht in irgendwelchen Gruppen- oder Rassenzugehörigkeiten, sondern ausschließlich in unterschiedlichen Intelligenzquotienten und vertrat die Meinung, die mit dem IQ gemessene Intelligenz sei zu 80 Prozent angeboren (wissenschaftlich ausgedrückt: bei jeder größeren Gruppe von untersuchten Personen könnten 80 Prozent der beobachteten Varianz durch Erbfaktoren erklärt werden), so daß bei gesellschaftlich gleicher Rangstellung oder bei einer Politik zur Verwirklichung einer »Gleichheit der Ergebnisse« dennoch die Individuen mit den höheren IQ-Werten auch die gesellschaftlich höheren Positionen einnehmen würden.

Die Einführung des Intelligenzquotienten in die Debatte, die Auseinandersetzung um schulische Leistung und Gleichheit und die Behauptungen über die prinzipielle Unmöglichkeit, die gesellschaftliche Stellung der Kinder aus Minderheiten- oder sozial schwachen Familien durch schulische Maßnahmen zu verbessern, dies alles erweckte bei Liberalen und Linken die Befürchtung, biologische Argumente würden dazu mißbraucht, die Kürzung von Sozialprogrammen zu rechtfertigen und durch die Hintertür die These von der Minderwertigkeit bestimmter Rassen »wissenschaftlich« zu beweisen. Da einige Konservative tatsächlich gegen großangelegte Förderprogramme das Argument vorbrachten, mangelnde schulische Eignung sei angeboren, ging die Frage nach der Gültigkeit der soziobiologischen Behauptungen eine Zeitlang hoffnungslos in diesen politischen und ideologischen Auseinandersetzungen unter.

Ob die Soziobiologie tatsächlich jedes Sozialverhalten im Rahmen der neodarwinistischen Theorie erklären kann, hängt von der Antwort auf drei theoretische Fragen ab. Die erste lautet, ob das Prinzip der verwandtschaftlichen Selektion in seinen strengsten Formen beim Menschen in derselben Weise wirksam ist wie bei anderen Arten; zum zweiten ist zu fragen, ob die Variabilität menschlicher Kulturen die Funktion eines völlig neuartigen Bewußtseins der Spezies Mensch ist, und drittens, ob selbst bei einer genetischen Verankerung bestimmter Verhaltensmuster die »biologische Erklärungsebene« tatsächlich angemessener ist als die psychologische oder soziologische, mit anderen Worten, ob sich jedes Sozialverhalten auf rein biologische Faktoren zurückführen läßt (das Problem des »Reduktionismus«).

Die grundlegende Annahme der Soziobiologie – die Rolle der verwandtschaftlichen Selektion für die Anpassung – beruht ihrerseits auf der Voraussetzung, daß eine Person 50 Prozent ihrer Gene mit einem leiblichen Geschwister gemeinsam hat und daß ein altruistisches Verhalten dieses Geschwisters diese Gene begünstigen wird, so daß »die altruistischen Gene in der Population weiterverbreitet werden«. Dieser Annahme ist von S. L. Washburn in Zweifel gezogen worden:

»Ein Elternteil hat mit seiner Nachkommenschaft nicht die Hälfte seiner Gene gemeinsam; diese weist vielmehr die Hälfte jener Gene auf, in denen sich die Eltern unterscheiden. Sind die Eltern im Hinblick auf ein Gen reinerbig, werden ihre gesamten Nachkommen dieses Gen erben. Es stellt sich nun die Frage, wieviele gemeinsame Gene es innerhalb einer Art wie z. B. der des Homo sapiens gibt. ... Individuen, die von Soziobiologen als unähnlich eingestuft werden, haben in Wirklichkeit mehr als 99 Prozent ihrer Erbanlagen gemeinsam. Es ließe sich leicht ein Modell entwerfen, bei dem die für das Verhalten relevante Struktur und Physiologie auf diesen gemeinsamen 99 Prozent beruhen und bei dem die irrelevanten Unterschiede, z. B. Haarfarbe und -struktur, von dem restlichen einen Prozent bestimmt werden.«[10]

Und der Kulturanthropologe Marshall Sahlins hat argumentiert, daß das Verwandtschaftsverhalten in menschlichen Gesellschaften nicht dem genetischen Schema folgt, daß »Heiratsregeln« eine hohe Variabilität aufweisen und daß die Gemeinsamkeit von Erbanlagen weit schneller abnimmt als soziale Verpflichtungen in jedem menschlichen Sozialsystem.

In einer Hinsicht reden die Kontrahenten dieser Debatte aneinander vorbei. Die Soziobiologen sind auf der Suche nach dem, was sie für Universalien der menschlichen Kultur halten und glauben, diese in einer Art genetischer Prädisposition verankern zu können. Die Anthropologen konzentrieren sich hingegen auf die Vielfalt des menschlichen Verhaltens. So zitiert Wilson in seinem Buch *Biologie als Schicksal* eine Untersuchung des Anthropologen George P. Murdock, der fast 80 verschiedene Aktivitäten auflistet, von der Einteilung der Kulturangehörigen in Altersgruppen bis zur Wetterbeschwörung, »die in jeder der Geschichte und der Ethnographie bekannten Kultur festgestellt wurden«, während der Anthropologe Marvin Harris in einer Kritik an der Soziobiologie bemerkt: »George Peter Murdocks *World Ethnographic Atlas* enthält 46 Spalten mit variablen Kulturmerkmalen. Wenn man die unter diesen Spalten angegebenen Alternativen berücksichtigt, kann man für jede Gesellschaft über 1000 variable Elemente ausfindig machen. In der gesamten Stichprobe von 1179 Gesellschaften gibt es keine zwei, die dieselbe Kombination der Elemente aufweisen.«[11]

Es wäre jedoch nicht nur falsch, sondern auch irreführend, das Problem auf die Alternative Kultur oder Biologie zuzuspitzen. Weit schwieriger zu beantworten ist die folgende Frage: Auf welche Weise engt die Weitergabe von Erbanlagen den Bereich menschlichen Verhaltens ein, anders gesagt, welche Veränderungen werden durch eine genetische Disposition begünstigt und auf welche Weise? Noch kürzer: Welches Verhalten wird uns von unserem »Biogramm« ermöglicht und welches nicht?

Wilson akzeptiert durchaus die Mannigfaltigkeit des menschlichen Verhaltens: »Die Parameter der gesellschaftlichen Organisation wie Gruppengröße, Hierarchieeigenschaften und Geschwindigkeit des Genaustauschs variieren bei menschlichen Populationen weit mehr als bei Populationen jeder anderen Primatenspezies. Die Abweichungen sind sogar größer als die *zwischen* allen anderen Primatenarten.« Daran knüpft er die Schlußfolgerung: »Demnach haben wir der Hypothese nachzugehen, daß solche Erbanlagen, die eine Flexibilität des Sozialverhaltens begünstigen, auf der individuellen Ebene einer starken Selektion unterworfen sind. Es ist jedoch zu beachten, daß die Variationen im Hinblick auf die gesellschaftliche Organisation nur eine mögliche, aber keine notwendige Folge dieses Prozesses ist.«[12] Und in seinem Buch *Biologie als Schicksal* zieht Wilson den Schluß: »Ich glaube, daß eine konkrete Anwendung der Evolutionstheorie ebenfalls die Vielfalt im Genpool als einen kardinalen Wert begünstigt. Wenn, wie es die Tatsachen nahelegen, die Variation der geistigen und körperlichen Fähigkeiten in einem gewissen Umfang von der Vererbung abhängt, dann ist damit zu rechnen, daß Individuen von wirklich außergewöhnlichen Fähigkeiten unerwartet aus Familien hervorgehen, die sich ansonsten nicht ausgezeichnet haben.«[13]

Bliebe die Auseinandersetzung auf die Ebene der »Gattung« beschränkt, dann gäbe es vermutlich kaum diese erregte Debatte um die Soziobiologie. Problematischer ist jedoch der Versuch etlicher Soziobiologen, gengesteuerte Verhaltensmerkmale zu identifizieren, die der Mensch mit den altweltlichen Primaten gemein hat, und solche, die nur für den Menschen spezifisch sind. Wilson erwähnt z. B. Inzestvermeidung, Gruppenbildung der Männchen, Territorialität, semantische Symbolsprache, die vom Kleinkind in relativ kurzer Zeit erlernt wird, spezifische Gesichtsausdrücke und andere Merkmale, die allesamt genetisch bestimmt seien, und er beharrt darauf, daß »das Aberziehen dieser artspezifischen Merkmale sehr schwierig, wenn nicht unmöglich, und für die seelisch-geistige Entwicklung fast sicher schädlich [wäre]«.[14] An der Frage aber, wie sich solche »artspezifischen Merkmale« definieren lassen und wie weit sie tatsächlich genetisch determiniert sind, erhitzten sich die Gemüter in der Debatte.

Der Reduktionismus birgt ein zweifaches Problem. Zum einen weckt er die Befürchtung, die Soziobiologie könnte den Menschen herabwürdigen, indem sie sein Verhalten nur als genetische Disposition oder als Strategie deutet, jeweils den eigenen

Genen eine besondere Überlebenschance zu sichern. Wie Wilson, der selbst ein wissenschaftlicher Materialist ist, gesagt hat: »Wir sind im Begriff, einige unserer hehrsten Gefühle als etwas zu sehen, daß wir der Evolution verdanken. Wir werden möglicherweise feststellen, daß wir das Wesen unserer tiefsten Sehnsüchte weit überschätzt haben.«[15]

Das zweite Problem des Reduktionismus ist eher methodologischer Art und zielt auf den Kern einiger zentraler Fragestellungen der Wissenschaftstheorie: Läßt sich die Antwort auf eine genuin soziologische Frage (z. B. nach den Formen menschlicher Gruppen, der Anlage von Straßen oder den Mustern zwischenmenschlichen Verkehrs) im Rahmen der soziologischen Terminologie erschöpfend formulieren oder verlangt eine solche Antwort nicht auch die »Reduktion« dieser Erklärung auf psychologische Ebenen (z. B. die von individuellen Antrieben und Bedürfnissen), die ihrerseits auf die biologische Erklärung durch genetische Kodes zurückgreifen müßte? Einige Autoren wie etwa Francis Crick geben sich auch damit nicht zufrieden und behaupten, biologische Erklärungen müßten auf physikalisch-chemische Gesetze zurückgeführt werden.

Wilson hat versucht, die Notwendigkeit eines gewissen biologischen Reduktionismus zu begründen, als er schrieb:

»Das gesamte Erscheinungsbild des gesellschaftlichen Lebens läßt sich nicht allein aus einer Kenntnis der genetischen Programme der Individuen prognostizieren. Wenn der Beobachter seine Aufmerksamkeit von einer Organisationsebene auf die nächsthöhere richtet, dann *erwartet er, daß hier sämtliche Gesetze aller niedrigeren Stufen gelten.* Auf den höheren Ebenen ist jedoch jeweils eine Spezifizierung der Anordnung der niedrigen Einheiten erforderlich, was seinerseits eine Erweiterung bedeutet und neue und unerwartete Prinzipien hervorbringt. Die Spezifizierung kann in dreierlei Form auftreten: als kombinatorische, als räumliche und als historische.«[16]

Wie jedoch der Anthropologe Clifford Geertz bemerkt hat,

entspringt der Reduktionismus der Soziobiologie – der das menschliche Sozialverhalten mit allgemeinen Prinzipien zu erklären versucht, die sich ebenso auf Ameisen wie auf menschliche Wesen anwenden lassen – einer fehlerhaften Wissenschaftstheorie, die von einem hierarchischen Modell der Einzeldisziplinen ausgeht. Geertz hat vorgeschlagen, diese Frage einer »Parallelbetrachtung« zu unterziehen und in der für ihn charakteristischen Weise den Zirkusclown als Beispiel angeführt. Die Fähigkeiten eines Clowns beruhen auf bestimmten komplizierten neurologischen Verknüpfungen und der Ausbildung bestimmter Muskeln, und da auch der eine oder andere Gesichtsausdruck genetisch determiniert sein kann (der entsprechende Nachweis ist hier nicht unser Problem), könnte ein Teil des Clownsverhaltens durch die Biologie erklärt werden. Darüber hinaus ließe es sich jedoch auch im Rahmen einer psychoanalytischen Erörterung als eine exhibitionistische Neigung verstehen. Der Soziologe würde das Verhalten im Zusammenhang mit dem Zirkus sehen, der neben anderen sozialen Institutionen die Möglichkeit bietet, ganz explizit bestimmte Rollen zu spielen. Unter dem Aspekt bestimmter kultureller Überlieferungen wäre es eine akzeptierte Weise, unbeholfene Menschen nachzuahmen. Wie Geertz feststellt, ist es möglich, die verschiedenen Aspekte des Verhaltens eines Zirkusclowns zu diskutieren und die eigene Kenntnis seiner unterschiedlichen Bedeutungen zu vermehren, ohne hierzu höhere oder niedrigere Ebenen der Erklärung heranzuziehen.[17]

Bei all dieser Aufregung steht doch außer Zweifel, daß die Beziehungen zwischen Biologie und Sozialwissenschaften in Zukunft enger werden. Man kann durchaus wie die Soziobiologen nach allgemeinen Prinzipien fragen, die einigen vermuteten Konstanten des Gruppenverhaltens aller Lebewesen zugrundeliegen. Und man kann mit der Anthropologie die Beziehungen zwischen kultureller und biologischer Evolution näher erforschen. Marvin Harris hat dies so ausgedrückt: »Es hat Milliarden von Jahren gedauert, bis durch die natürliche Zuchtwahl spezialisierte Anpassungen im Hinblick auf Fischfang, Jagd und Ackerbau, auf Fortbewegung (im Wasser, auf dem Land und in der Luft) und auf die Ausstattung der Raubtiere mit Waffen wie Zähne und Klauen und ihrer Opfer mit Panzern etc. zur Abwehr geschaffen wurden. Vergleichbare Spezialisierungen, die sich mit der Kultur entwickelten, haben hierfür weniger als 10000 Jahre benötigt. Die auf den Menschen ausgerichtete Soziobiologie sollte sich deshalb in erster Linie der Frage zuwenden, warum andere Arten nur so wenige und unbedeutende und nur die Menschen so enorm viele und bedeutsame Kulturleistungen hervorgebracht haben.«[18]

Wilson selbst ist der Meinung, daß »die Biologie der Schlüssel zur menschlichen Natur [ist], und die Sozialwissenschaftler es sich nicht leisten [können], die von ihr entdeckten Prinzipien zu ignorieren«; er fügt jedoch hinzu: »die Sozialwissenschaften sind möglicherweise inhaltlich sehr viel reicher. Wenn sie die wichtigen neuen Ideen der Biologie in sich aufgenommen haben, werden sie diese wieder wie zuvor überflügeln.«[19]

Wirtschaftswissenschaft

Das in der Wirtschaftswissenschaft während der 25 Jahre nach dem Zweiten Weltkrieg herrschende »Paradigma« war der Keynesianismus, der grob gesagt behauptete, die Wirtschaft könne durch staatliche Interventionen (Konjunkturpolitik) gelenkt werden. Der Felsen, an dem sich die Hoffnungen dieses Paradigmas zerschlugen, war die Inflation, wie der Nobelpreisträger John Hicks in seinem Buch *The Crisis in Keynesian Economics* (1974) zu zeigen versuchte. Für die Wissenschaft selbst ging es indessen um mehr als um die Frage, warum es ihr nicht gelang, mit dem wichtigsten Problem fertigzuwerden, mit dem die Regierung einer modernen Gesellschaft konfrontiert ist. In der neu entzündeten Debatte wurde das wieder in Zweifel gezogen, was vorher als feste Grundlage von Analyse und Forschung gegolten hatte: die fundamentale Beziehung zwischen Mikroökonomie oder dem Verhalten der einzelnen Wirtschaftssubjekte (d.h. Einzelunternehmen und Konsumenten) und Makroökonomie oder den zusammengefaßten Größen der Gesamtwirtschaft; die fundamentale Kategorie eines »Gleichgewichts« oder der Gedanke, daß die zwischen grundlegenden Variablen bestehenden Beziehungen (z.B. zwischen Löhnen und Preisen oder zwischen Konsum und Investition) in den Gleichgewichtszustand einer »natürlichen Wachstumsrate« zurückkehren, wenn sämtliche Güter auf den Märkten abgesetzt sind; das Konzept der »Maximierung«, d.h. daß rationales Verhalten der Wirtschaftssubjekte dann vorliegt, wenn sie eine Nutzenoptimierung anstreben und stets so handeln, daß sie den größten Gewinn davon haben.

Die klassische Gleichgewichtsanalyse nahm ihren Ausgang mit dem Say'schen Theorem, das in kurzen Worten besagte, daß jedes Angebot seine eigene Nachfrage erzeugt. Die Vorstellung, eine zu geringe Nachfrage könnte die Ursache von Arbeitslosigkeit sein, kam kaum auf, da die menschlichen Bedürfnisse als unersättlich galten und weil das Angebot durch den Kreislauf der Zahlungen von den Anbietern zu den Verbrauchern oder Investoren die Nachfrage erzeugen würde. Ein zeitweiliger Zustand des Überangebots oder der Knappheit von Waren könnte zwar immer eintreten, würde jedoch für jeden Markt durch die Bewegungen der Löhne und Preise wieder korrigiert werden. Die neoklassischen Ökonomen in der Nachfolge Marshalls verbesserten die Erklärung des Say'schen Theorems noch, indem sie mit Hilfe der Grenznutzenanalyse zeigten, wie die Menge des realen Güterangebots bestimmt wird. Ein Produzent würde einem Arbeiter niemals einen höheren Lohn anbieten als der Wert des von diesem zusätzlich produzierten Gutes beträgt, so daß die Zahl der von einem Unternehmen beschäftigten Arbeiter durch den Punkt festgelegt ist, an dem die Grenzkosten der Produktion gleich ihrem Grenzertrag sind. Und nach derselben Überlegung, so versuchte John Bates Clark in seinem Werk *Distribution of Wealth* (1899) zu zeigen, gilt das Prinzip für die Märkte sämtlicher Produktionsfaktoren – nicht nur für die Löhne, sondern auch für Renten und Kapitalerträge (Zinsen und Gewinne). Clark gelangte zu dem »Schluß, daß bei vollkommenem Wettbewerb jeder Faktor zwangsläufig einen Ertrag einbringt, der genau seinem Beitrag entspricht, ... nämlich dem Wert des Grenzprodukts.«[20]

War ein Geldlohn zu hoch, dann würde er durch den Konkurrenzdruck auf den Preis gedrückt, zu dem der Unternehmer einen Arbeiter einstellen konnte; erwies sich der zu hohe Preis für Arbeitskräfte als unflexibel, würde der Arbeitgeber niemanden einstellen, so daß bei einem derartigen Lohnniveau auch Arbeitslosigkeit ein »partielles Gleichgewicht« darstellte.

Der neoklassischen Theorie zufolge war eine Kürzung der Geldlöhne dasselbe wie eine Kürzung der Reallöhne, da das Preisniveau unverändert blieb. Das Niveau der Geldlöhne hatte keinen Einfluß auf das Preisniveau, wohl aber umgekehrt. Das Preisniveau an sich (d. h. das *allgemeine* Preisniveau) wurde von der Quantitätstheorie des Geldes bestimmt, die von jedem neoklassischen Wirtschaftswissenschaftler akzeptiert wurde. (Die Preise für einzelne Waren, d. h. die relativen Preise, konnten aus natürlichen oder exogenen Gründen schwanken, z. B. aufgrund von Dürreperioden bei Getreide oder Kartellen bei Erdöl.) Solange sich an der gesamten Geldmenge nichts änderte, konnte das allgemeine Preisniveau nicht ansteigen, auch wenn sich natürlich einzelne Preise unter diesen Bedingungen gegenseitig anpassen würden. (Wer also gezwungen war, einen größeren Betrag als bisher für Heizmaterial auszugeben, mußte dafür an anderen Gütern sparen.) Aber fast alle Neoklassiker – und vor ihnen läßt sich diese Überzeugung bis zu David Hume zurückverfolgen – glaubten an den festen Zusammenhang zwischen Änderungen der Geldmenge und Änderungen des allgemeinen Preisniveaus in einer Volkswirtschaft.

Die Neoklassiker machten einen wesentlichen Unterschied zwischen *nominalem* und *realem* Geldwert. Im Realwert äußern sich die aktuellen Größen, über die man mit dem Geld verfügen kann (materielle Dinge wie Häuser, Produktionsanlagen oder Kunstwerke) oder die Menge an Gütern, die man damit auf dem Markt kaufen kann. Der Nominalwert ist hingegen einfach der in einer Währung wie Mark oder Dollar ausgedrückte Geldbetrag. (Ein »Millionär« zu sein bedeutete z. B. zur Zeit der Inflation in der Weimarer Republik nicht viel, wenn man für eine Million Reichsmark nur eine Tasse Kaffee bekam.) Das allgemeine Preisniveau ist eine nominale Größe. Die Quantitätstheoretiker behaupten, die Wirtschaftssubjekte verhielten sich so, daß ein bestimmtes reales Niveau beibehalten wird. Wenn Nominal- und Realniveau nicht mehr übereinstimmten, würden die Preise steigen (da die einzelnen in dieser Situation danach strebten, einen Teil ihrer Geldreserven gegen Güter zu tauschen), bis die nominalen Geldbestände mit dem erwünschten oder üblichen Niveau der Sachguthaben übereinstimmten. Kurz, ein Rückgang des Geldwerts durch steigende Preise oder ein Anstieg der Realeinkommen würden den Gleichgewichtszustand des Systems wiederherstellen.

Die Beziehungen zwischen Geld, Preisen und Einkommen wurden von den amerikanischen Wirtschaftswissenschaftler Irving Fisher in einem »Transaktionsmodell« und von den Neoklassikern in Cambridge mit einer »Cash-balance-Methode« beschrieben. Eine wichtige Modifikation der monetaristischen Theorie wurde von dem schwedischen Nationalökonomen Knut Wicksell vorgenommen, der die Meinung vertrat, Geld könne nicht uneingeschränkt wie eine Ware behandelt werden, wie dies im »Cash-balance-Modell« geschieht. Er verwies auf die zunehmende Bedeutung des Kredits und zeigte den Mechanismus auf, durch den Änderungen der Geldmenge den Zinssatz beeinflußten, der wiederum einen Einfluß auf die Investitions- und Sparentscheidungen hat. Auf diese Weise konnte Wicksell nachweisen, wie der Zinssatz die Gleichgewichtsanpassungen von Kapitalnachfrage und -angebot herstellt.

Die Neoklassiker sahen sehr wohl, daß es in der wirklichen Welt häufig deutliche Preisschwankungen gab und daß Ereignisse im reinen Geldsektor, z. B. neue große Goldfunde, kurzfristige Auswirkungen auf den Gütersektor haben konnten. Für sie waren solche Schwankungen jedoch vorübergehender Natur, und sie glaubten, Störungen des monetären Sektors würden sich nach einiger Zeit von selbst geben, weil unterhalb dieser Oberflächenturbulenzen ein Gleichgewichtsmechanismus wirkte. Das Prinzip einer marktorientierten Gleichgewichtsökonomie verlangte, auftretenden Störungen ihren Lauf zu lassen, da die notwendig einsetzenden Anpassungsprozesse (trotz ihrer gelegentlich schmerzhaften Auswirkungen) die Unregelmäßigkeiten wieder »ausbügeln« würden.

Diese neoklassische Theorie erfuhr durch den Keynesianismus eine Reihe einschneidender Modifikationen. Da gab es einmal die Beobachtung, daß diese Störungen oder vorübergehenden Abweichungen vom wirtschaftlichen Gleichgewicht sehr lange dauern und verheerende soziale Auswirkungen haben konnten. Und selbst bei Arbeitslosigkeit und Kapazitätsüberhängen erwies sich das Preisniveau als mehr oder weniger unelastisch, so daß nominale Größen einen wesentlichen Einfluß auf reale Größen hatten. Bei Vollbeschäftigung würde dieser Einfluß wieder verschwinden. Sobald alle Ressourcen – Betriebsanlagen und Arbeitskräfte – wieder voll eingesetzt wurden, würden die zusätzlichen Nominalausgaben das Preisniveau anheben, und die Eindämmung einer Inflation lag dann in den Händen einer Zentralbank, die die Geldmenge so lange verknappen mußte, bis das nominale Preisniveau wieder dem »realen« entsprach.

Kurz, die Keynesianer behaupteten, daß sich in einer Marktwirtschaft kein »natürliches« Gleichgewicht einstellt (sondern bestenfalls ein »partielles Gleichgewicht«, das mit einer hohen Arbeitslosenquote oder unausgelasteten Produktionskapazitäten verbunden ist), und daß es konjunkturpolitischer Eingriffe des Staates bedarf, um das Gleichgewicht wiederherzustellen. Inflation war kein Thema, da sie diesem Verständnis zufolge ihre Ursache nicht in einem Anstieg der Nominallöhne über das Niveau der Reallöhne hinaus hatte.

Das fehlende Glied in diesem Modell der Beziehungen zwischen Preisniveau, Arbeitslosigkeit und Inflation war die berühmte Phillips-Kurve, die, wie Robert Solow sarkastisch bemerkt hat, nach ihrer Veröffentlichung 1958 den Nationalökonomen mehr Beschäftigung eintrug als jedes Projekt der Öffentlichen Hand seit dem Bau des Erie-Kanals. A. W. Phillips,

Wirtschaftswissenschaftler an der London School of Economics, hatte die Arbeitslosenquoten in England von 1862 bis 1957 mit den Lohnsteigerungsraten während desselben Zeitraums verglichen. Solow bemerkt über die Bedeutung dieser Arbeit:

»Man beachte, daß er die Lohnsteigerungsrate, eine nominale Größe, mit der Arbeitslosenquote, einer realen Größe, verglich. Wenn es keinen langfristigen Zusammenhang zwischen nominalen und realen Entwicklungen gab, dann durfte es auch keinen Zusammenhang zwischen diesen verschiedenen Zeitreihen geben. War die grobe Dichotomie der keynesianischen Theorie eine gute Beschreibung der Welt, dann mußte die Lohnsteigerungsrate in allen Fällen außer dem der Vollbeschäftigung nahezu null sein. Und in Zeiten einer Vollbeschäftigung, sofern es diese überhaupt gab, mußte sich eine beträchtliche Inflation beobachten lassen.

Was Phillips dagegen herausfand, war schon erstaunlich. Die schlichte bivariate Beziehung zwischen einer einzigen nominalen und einer einzigen realen Variablen blieb über einen langen Zeitraum hinweg ziemlich konstant, in dessen Verlauf sich die englische Industrie und Arbeiterschaft drastisch veränderten. Hier war ein Beweis für einen engen und anscheinend zuverlässigen Zusammenhang zwischen der nominalen und der realen Welt. Allem Anschein nach war es kein kurzlebiges Phänomen, wie die führenden makroökonomischen Schulen des 19. und 20. Jahrhunderts vermutet hätten. Und es war offenbar auch keine simple Zweiteilung zwischen Vollbeschäftigung und Zuständen einer mehr oder weniger großen Arbeitslosigkeit, wie man der zufälligen Lage in den frühen 50er Jahren hätte entnehmen können. Die Entdeckung von Phillips besagte unmißverständlich, daß die Lohnsteigerungsrate – und damit wahrscheinlich auch die Preissteigerungsrate – eine stetige Funktion der Angespanntheit der Gesamtwirtschaft war.«[21]

Phillips' Untersuchung war rein empirisch. Doch die theoretischen Konsequenzen für die Politik – und für die Keynessche

Theorie – wurden von Paul Samuelson und Robert M. Solow herausgearbeitet. 1960 stellten die beiden Nationalökonomen vom MIT in einem Aufsatz ähnliche Zeitreihen für die Vereinigten Staaten vor. Zwar gab es Abweichungen gegenüber den Zahlen für England, aber die Daten für die Nachkriegsperiode zeigten eine Kurve derselben qualitativen Form, und Samuelson und Solow nahmen einen hypothetischen Zusammenhang zwischen Preissteigerungsrate und Arbeitslosenquote an: »Dies zeigt die verschiedenen Wahlmöglichkeiten von Arbeitslosenquoten und damit verbundener Preisstabilität, wie sie eine Grobschätzung aus den Daten der letzten 25 Jahre in den USA ergibt.«[22]

Der als Phillips-Kurve bekannte Zusammenhang und seine Verallgemeinerung durch Richard Lipsey wurden von den amerikanischen Wirtschaftswissenschaftlern sehr bald und fast einmütig akzeptiert. Damit war auch die Möglichkeit gegeben, die ziemlich fruchtlose Debatte um nachfragebelebende gegenüber angebotsorientierten wirtschaftspolitischen Eingriffen zu beenden. Da es jetzt eine »Auswahlliste« gab, war man noch stärker als zuvor von der Möglichkeit überzeugt, die Wirtschaft »lenken« zu können. Doch die Inflationsraten der 70er Jahre, die am Ende sogar zweistellig waren, haben sich gegenüber konjunkturpolitischen Maßnahmen als resistent erwiesen und stellen für alle Keynesianer ein schwerwiegendes Problem dar.

Es lassen sich einige spezifische »Störungen« angeben, die gemeinsam die Inflation bewirkt haben. In den USA hatte die Regierung unter Johnson während des Vietnamkriegs die Staatsausgaben erhöht, wollte jedoch die zusätzlichen Rüstungsausgaben nicht durch Steuererhöhungen ausgleichen. Der »Ölschock« von 1973 und den Jahren danach war gleichbedeutend mit einer Erhöhung der Ölpreise um das Vier- bis Fünffache, und eine Reihe von Mißernten in der Sowjetunion trieb die Preise für Nahrungsmittel in die Höhe. Anfang der 70er Jahre stieg weltweit die Nachfrage, während die Kapazitäten in der rohstoffverarbeitenden Industrie nicht mehr ausreichten, um den Bedarf zu decken. Das gleichzeitige Auftreten all dieser Ereignisse machte der seit 25 Jahren ungebrochenen weltweiten wirtschaftlichen Expansion ein Ende, in deren Verlauf sich die Industrieproduktion global mehr als verdoppelt hatte.

Aber während der jetzt einsetzenden Rezession und der allmählichen, aber konstanten Erholungsphase in den USA konnte man eine hohe Preissteigerungsrate *und* eine hohe Arbeitslosenquote beobachten. Dieses Phänomen war das große – und anscheinend unlösbare – Rätsel. Um die Frage im Rahmen unseres Kontexts zu formulieren: die Phillips-Kurve hat sich abgeflacht, und der Gedanke eines Kompromisses – die Inflation mit einer Zunahme der Arbeitslosen zu bekämpfen oder die Arbeitslosenquote um den Preis einer erhöhten Inflation zu senken (die »Auswahlliste«) – ist anscheinend aus den Köpfen der Nationalökonomen geschwunden; Robert M. Solow führt dazu aus:

»Die meisten ernsthaften Schätzungen gehen davon aus, daß eine Zunahme der Arbeitslosigkeit um einen Prozentpunkt über zwölf Monate hinweg eine Senkung der Inflationsrate um einen Betrag zwischen 0,16 und 0,50 Prozentpunkten zur Folge haben wird. Dieser Kompromiß ist nicht besonders günstig. Wir wissen außerdem, daß der Inflationsprozeß äußerst träge verläuft; d. h. die Wirtschaft benötigt – zumindest unter normalen Bedingungen – sehr lange, bis die für sie charakteristische Phillips-Kurve sich geändert hat. Eine Erhöhung der Arbeitslosenquote um einen Prozentpunkt über drei Jahre hinweg würde beispielsweise die Inflationsrate um einen Betrag zwischen 0,5 und 1,75 Prozentpunkte verringern. (Mit dieser Zunahme der Arbeitslosen ist jedoch für die Industrie während der drei Jahre ein Produktionsausfall im Wert von etwa 180 Mrd. Dollar verbunden – eine ziemlich kostspielige Methode zur Senkung der Inflationsrate).

Diese beiden Dinge wissen wir, wenn auch nur vorläufig und nicht sehr genau. Was wir nicht wissen ... ist, warum der Prozeß so träge verläuft und warum die Phillips-Kurven so abgeflacht sind. D. h. wir wissen nicht, welche Teile unserer sozialen und wirtschaftlichen Struktur wir ändern müßten, um diese Beziehungen zu ändern.«[23]

Die Mängel der von Keynes empfohlenen Konjunkturpolitik haben zwei unterschiedliche Reaktionen ausgelöst. Die eine war eine Rückkehr zur monetaristischen Theorie, die unterstellt, daß bei konstanter (oder entsprechend der wirtschaftlichen Tätigkeit ausgeweiteter) Geldmenge die Gleichgewichtskräfte wieder wirksam werden. Sie befürworten eine Minimierung staatlicher Eingriffe, insbesondere durch den Federal Reserve Board, dessen Maßnahmen darauf gerichtet sind, zur Beeinflussung des Preisniveaus die Geldmenge zu vergrößern oder zu verringern.

Die andere Reaktion war der sogenannte »Post-Keynesianismus«, der sich auf die Arbeiten von Keynes-Anhängern wie Joan Robinson und Piero Sraffa stützt sowie auf den polnischen Nationalökonomen Michal Kalecki, der unabhängig von Keynes zu ähnlichen Schlußfolgerungen wie dieser gelangt war.

Mit der monetaristischen Schule verbindet sich hauptsächlich der Name von Milton Friedman, Nobelpreisträger und Anführer der sogenannten »Chicago-Schule«. Friedman eröffnete seinen Angriff 1967 mit einer Rede als Präsident der American Economics Association, in der er nochmals den Unterschied zwischen nominalen und realen Größen hervorhob, die »permanent income hypothesis« verteidigte (d. h. die Idee der »realen Guthaben« als Grundlage der Geldtheorie) und die Annahmen der Phillips-Kurve in Frage stellte. Friedman wiederholte, daß Änderungen der Geldmenge zu Änderungen des Output und des Preisniveaus führten und daß kurzfristig die Geldmenge nicht der neutrale Ausdruck einer jeweils unterschiedlich strukturierten Nachfrage sei, sondern selbst diese Nachfrage determiniere.

Sein wichtigstes geldpolitisches Rezept forderte von den staatlichen Institutionen zur Geld- und Kreditversorgung, nach dem

Abbau der überschüssigen Geldmengen des Systems (durch Verknappung des Geldangebots oder durch eine Kürzung der Regierungsausgaben, die für ihn die Hauptursache einer Inflation sind) eine bestimmte Geldmenge festzulegen plus einer bestimmten Wachstumsrate, z. B. drei Prozent, entsprechend dem »natürlichen Wachstumspotential« der Gesellschaft. Innerhalb dieses Rahmens konnten dann die einzelnen Wirtschaftssubjekte ihre eigenen, sich selbst regulierenden Entscheidungen treffen, welche ihrer Bedürfnisse sie auf der Basis relativer Preise befriedigen wollten. Durch die Kontrolle der Geldmenge würde jedoch das allgemeine Preisniveau relativ stabil gehalten.

Bei diesen Empfehlungen Friedmans stellen sich einige Fragen. Eine hängt damit zusammen, was als Geld definiert wird. Für die Geldmenge gibt es im allgemeinen zwei verschiedene Maßzahlen: das Geldvolumen im engeren Sinn M 1 (Bargeldumlauf plus Sichteinlagen) und das Geldvolumen im weiteren Sinn M 2 (M 1 plus Termineinlagen, z. B. Sparguthaben oder Depotscheine). Der vorgebrachte Einwand besagt, daß wegen der strukturellen Veränderung des Kreditsystems (von der Ausbreitung verzinslicher Girokonten bis zur Unbeständigkeit des Kreditvolumens aufgrund der mühelos erhältlichen Kreditkarten) und des enormen »Überhangs« an Eurodollars – d. h. der etlichen Hundert Milliarden Dollar, die sich außerhalb der Vereinigten Staaten befinden und von ausländischen Banken als Basis für neue Dollarkredite verwendet werden – eine Messung der Geldmenge immer schwieriger wird, da diese größeren Schwankungen unterliegt als früher.

Ein zweites und möglicherweise schwerwiegenderes Problem besteht darin, daß es anscheinend zu einer »Entkopplung« zwischen Geldangebot und Zinssätzen gekommen ist, so daß das Verhalten der Wirtschaftssubjekte von den vorgeschlagenen Kontrollen vermutlich weniger beeinflußt wird als angenommen. Lester Thurow hat hierzu bemerkt:

»Die Investitionsfunktionen von Unternehmern sind wahrscheinlich das beste Beispiel für dieses Phänomen. In der klassischen Wirtschaftstheorie führten steigende Zinsen zu einer Verringerung der Investitionen und umgekehrt. Zum größten Erstaunen der ersten Wirtschaftswissenschaftler, die diese Hypothese mit ökonometrischen Methoden überprüfen wollten, ließ sich entweder überhaupt kein solcher Zusammenhang oder aber genau das Gegenteil der behaupteten Beziehung feststellen. Stiegen die Zinsen, blieb die Investitionsbereitschaft entweder gleich oder sie stieg ebenfalls. Sogleich gingen die Ökonometriker wieder an ihre Computer, um eine Investitionsfunktion mit statistisch signifikanten Zinssätzen und dem von der Theorie prognostizierten Vorzeichen zu finden, aber alle diese Bemühungen scheiterten.«[24]

Diese neue Sichtweise geht vermutlich auf die wirtschaftlichen Erfahrungen der Jahre 1977/78 zurück. Vom April 1977 bis zum Juni 1978 verschärfte das Open Market Committee des amerikanischen Federal Reserve Board die Kreditbedingungen drastisch, indem es den Lombardsatz für Kredite zwischen den einzelnen Kreditinstituten und der Notenbank von 4,75 auf 7,75 Prozent erhöhte – ein Anstieg um fast 65 Prozent –, ohne damit einen Rückgang des Wachstums der angebotenen Geldmenge zu bewirken. 1978 stieg die Basisgeldmenge (Geldumlauf plus Tagesgelder) bis Oktober unaufhörlich und ging in den darauf folgenden 13 Wochen um eine Jahresquote von 1,1 Prozent zurück, während sich die Umlaufgeschwindigkeit des Geldes im letzten Vierteljahr um einen Jahressatz von neun Prozent erhöhte. Der Anstieg der Zinsen in jenem Jahr, die an seinem Ende eine Höhe von 13 Prozent erreicht hatten, ließ viele Wirtschaftswissenschaftler eine Flaute der Baubranche befürchten. Diese trat jedoch nicht ein. Einen der Gründe hierfür hat ein Bauunternehmer in einem damaligen Interview selbst angegeben: »Ich richte mich nicht nach den Zinsen ... Ich kann es mir einfach nicht leisten, meine gemieteten und gekauften Baumaschinen ungenutzt herumstehen zu lassen ...«[25]

Das Bestehen derartiger Einstellungen hat zunehmend die Aufmerksamkeit auf eine Gruppe junger Nationalökonomen gelenkt, die eine sogenannte »Theorie der rationalen Erwartungen« entwickelt haben. Die Monetaristen waren davon ausgegangen, daß die Entscheidungen der Wirtschaftssubjekte von der Nominalhöhe der verfügbaren Geldmenge beeinflußt werden, während die neue Theorie behauptete, daß dies nicht der Fall ist, weil die Geldillusion schneller abgebaut wird. Ihr zufolge treffen die Wirtschaftssubjekte ihre Entscheidungen auf der Grundlage ihrer Erfahrungen in der Vergangenheit und ihrer Erwartungen für die Zukunft nicht aufgrund von kurzfristigen Ausweitungen der Geldmenge.

Dieser Gedanke wurde erstmals 1961 von John Muth vorgetragen und vor allem durch Robert Lucas von der University of Chicago technisch weiterentwickelt. Dieser unternahm 1972 den Versuch, die Wirkungen stochastischer oder zufälliger Erschütterungen in ökonometrischen Modellen zu berücksichtigen, um festzustellen, auf welche Weise solche unerwarteten Effekte und Umkehrbewegungen vor allem des Geldangebots sich auf die Preise von Produkten und Löhnen auswirkten. Lucas behauptete, solche Auswirkungen seien kurzlebig, weil sie nominaler Art sind, der Nennwert des Geldes verschleiere die wirklichen Verhältnisse nur für kurze Zeit, und wenn man die erwähnten Erschütterungen außer acht lasse, seien die langfristigen Postulate der klassischen Theorie gültig.

Lucas suchte letztlich nach einer Möglichkeit, wie sich dieses neue Wirtschaftsverhalten, bei dem währungspolitische Entscheidungen durch eine skeptische Öffentlichkeit »ignoriert« wurden, seinerseits von der Theorie »ignorieren« ließ. Er behauptete, das Mißtrauen in die konjunktur- und währungspolitischen Maßnahmen der Regierung beruhe auf einer rationalen Betrachtung der realen Bilanzen. Mit Hilfe einer spektakulären mathematischen Taschenspielerei zauberte er wieder das alte Marshallsche Gleichgewicht aus dem Zylinder, das auf

»realen« Werten oder genauer auf »rationalen Erwartungen« beruhte.

Man kann das Problem auch einfacher und prosaischer formulieren. Wenn die Geldmenge zum ersten Mal ausgeweitet wird, sehen die Wirtschaftssubjekte höhere Geldbeträge als bisher und glauben deshalb, sie seien wohlhabender geworden. Die Unternehmer werden durch verzerrte Preissignale und die abhängig Beschäftigten durch höhere Lohn- und Gehaltszahlungen irregeführt. Sie verhalten sich, als hätten sie tatsächlich auch real mehr Geld zur Verfügung, und es kann so zu einer Erhöhung des Output kommen. Um mit Lucas zu sprechen: »Jeder glaubt, gegenüber allen anderen einen Vorteil errungen zu haben, aber alle haben sich getäuscht. Wenn die wirkliche Lage klar wird und die realen Wertverhältnisse sich zeigen, stellen die einzelnen fest, daß sie zuviel ausgegeben und zuviele Schulden gemacht haben. Wenn die Regierung also ein weiteres Mal zu dieser Taktik greift, wird die Reaktion unzweifelhaft anders ausfallen. Bei einer wiederholten Ausweitung der Geldmenge geht im Lauf der Zeit die anregende Wirkung dieser Maßnahme verloren. Die Produktion wird nicht gesteigert, und die erwartete Expansion entpuppt sich als Inflation und sonst nichts.«[26]

Die Tatsache, daß die einzelnen Wirtschaftssubjekte sehr schnell lernen, geldpolitische Maßnahmen der Regierung unbeachtet zu lassen, führt zu einem unvorhergesehenen kumulierten Effekt, der gerade die Absicht der Regierung zunichte macht, durch konjunktur- oder geldpolitische Eingriffe den Gang der Wirtschaft zu ändern. Was kann die Regierung unter diesen Umständen noch tun?

Für die Vertreter der Theorie der »rationalen Erwartungen« ergibt sich daraus keineswegs der grundsätzliche Verzicht auf wirtschaftspolitische Maßnahmen. Diese können sich jedoch nur dann in der gewünschten Weise auf das Produktions- und Beschäftigungsniveau auswirken, wenn sie überraschend vorgenommen werden. Wie jedoch das Sprichwort sagt: »Gebranntes

Kind scheut das Feuer« – oder wie es mit den Drogen ist: man braucht eine immer höhere Dosis. Mit anderen Worten können geldpolitische Maßnahmen der Regierung, die auf einen Überraschungseffekt angewiesen sind, langfristig nur das Mißtrauen der Bevölkerung in solche Maßnahmen erhöhen.

Die Theoretiker der »rationalen Erwartungen« nehmen an, daß es auf der *Mikro*ebene der Wirtschaft immer gewisse zyklische Schwankungen der Produktion und Beschäftigungsquote gibt, die durch *makro*ökonomische Maßnahmen der Regierung weder ausgeglichen werden können noch sollten. Das ist deshalb nicht möglich, weil es die Makroökonomie nur mit aggregierten Größen zu tun hat und die einzelnen Entscheidungen der verschiedenen Wirtschaftssubjekte (Verbraucher und Unternehmer) unmöglich aufeinander »feinabstimmen« kann. Auf der theoretischen Ebene nehmen die Anhänger dieser Theorie an, daß der Konjunkturzyklus bis zu einem gewissen Grade ein integraler Aspekt jeder Marktwirtschaft ist, da die einzelnen Individuen auf Preissignale unterschiedlich reagieren, vor allem wenn zufällige Erschütterungen (z. B. Verknappungen, plötzliche Preissprünge etc.) zu einer kurzfristigen Fehldeutung der Signale und zu falschen Gewinnerwartungen führen. Erfolgt eine solche Fehldeutung durch eine genügend große Zahl von Wirtschaftssubjekten, so kommt es zu einer kumulativen Erhöhung des Output, bis die Fehldeutung erkannt wird und Sparmaßnahmen und Neuanpassungen einsetzen. Da zufällige Störungen der Preise und Märkte aufgrund von Naturkatastrophen oder menschlichem Handeln unvermeidlich sind, sind auch solche unregelmäßigen Schwankungen unabwendbar. Versuche des Staates, ihnen mit geldpolitischen Eingriffen zu begegnen, bewirken jedoch keine Lösung des Problems, sondern verschärfen es nur noch, denn wenn das politische Mißtrauen größer ist als das wirtschaftliche Vertrauen, dann können diese Maßnahmen nur immer größere Störungen nach sich ziehen.

An diesem Punkt schließt sich Lucas den geldtheoretischen

Schlußfolgerungen Friedmans an. Zur Bekämpfung der Inflation sollten die Währungsbehörden eine Politik verkünden und durchsetzen, mit der das allgemeine Preisniveau nicht schneller wächst als vorher festgelegt; danach ist es die Aufgabe der Währungspolitiker, die bestehende Ungewißheit bei den Wirtschaftssubjekten zu verringern, indem die Geldmenge nur um eine feste Quote ausgeweitet wird, so daß Unternehmer und Verbraucher eine feste Grundlage für ihre Erwartungen und Handlungen erhalten.[27]

Die postkeynesianische Bewegung, die sich in den 70er Jahren in den anglo-amerikanischen Wirtschaftswissenschaften entwikkelt hat, geht in eine völlig andere Richtung als die Monetaristen, die Theoretiker der »rationalen Erwartungen« und selbst die klassische Schule. Sie verwirft die allgemeine Theorie des wirtschaftlichen Gleichgewichts, weil keine noch so elegante »zeitlose« allgemeine Theorie zu einem Verständnis der höchst unterschiedlichen Veränderungen moderner Wirtschaftssysteme beitragen könne. Ausgangspunkt für ein Verständnis der Wirtschaft ist für die Neokeynesianer nicht das Gefüge der relativen Preise, die die Güterverteilung determinieren, sondern die Einkommensverteilung, die über die Aufträge und die Produktion entscheidet. Die Einkommensverteilung wird jedoch nicht unter dem Aspekt der Grenznutzenschule gesehen, für die jeder Produktionsfaktor einen seinem Beitrag proportionalen Ertrag erwirtschaftet, sondern – in der Vergangenheit – als eine Funktion der Gewohnheit und – in der Gegenwart – als Folge der Machtbeziehungen auf dem Markt. Jede Inflation ist das Ergebnis des Kampfes der Interessengruppen um einen größeren Anteil am Einkommen.

In der reinen Theorie ist es die Rückkehr zur klassischen Ökonomie in der Neuformulierung durch Piero Sraffa mit ihrer Betonung der Produktion und der Reproduktion der Produktionsmittel als dem Schlüssel zum Verständnis der grundlegenden Wirtschaftsprozesse anstelle der subjektiven Nutzenfunktionen der Verbrauchernachfrage. Lionel Robbins hat den Inhalt der Ökonomie erneut als die Allokation knapper Ressourcen zwischen konkurrierenden Zwecken definiert; die Neokeynesianer bestehen darauf, daß es in der Nationalökonomie in erster Linie um Wachstum und Investitionen geht. Auf der empirischen Ebene gelten institutionelle Beziehungen – das Machtverhältnis zwischen Interessengruppen, die Art des technologischen Wandels – als Rahmen der Entscheidungen. Vom orthodoxen Keynesianismus unterscheidet sich die Theorie durch ihr Schwergewicht auf den Investitionen und den langfristigen Prozessen der Reproduktion der Wirtschaft im Gegensatz zu den kurzfristigen Anpassungen (dem partiellen Gleichgewicht Marshalls) der Wirtschaft über die Nachfrage. Im Unterschied zur marxistischen Wirtschaftstheorie meidet sie die Debatte um die Arbeitswerttheorie, um die Notwendigkeit eines Klassenbegriffs und um den zwangsläufigen Zusammenbruch des Kapitalismus. Ein Großteil ihrer Ideen stammt von Wirtschaftswissenschaftlern aus Cambridge, die noch mit Keynes zusammengearbeitet hatten, wie Sraffa, Joan Robinson und Nicholas Kaldor, und von Ökonomen, die ähnliche Gedanken wie Keynes vertraten oder Sraffas Überlegungen erweiterten, wie Michal Kalecki und Luigi Pasinetti. In den Vereinigten Staaten hat eine Gruppe jüngerer Wirtschaftswissenschaftler unter der Führung von Alfred Davidson, Alfred S. Eichner und J. A. Kregel versucht, Anhänger für diese Richtung zu werben. Sie riefen die Zeitschrift *Journal of Post-Keynesian Economics* ins Leben, und in dem Wirtschaftsmagazin *Challenge* erschienen 1978 einige Beiträge, in denen sie ihre Auffassung darlegten.

Der Ausgangspunkt der postkeynesianischen Theorie ist das Problem des Wachstums, d. h. der »Wirtschaftsdynamik« gegenüber einer »Wirtschaftsstatik«, oder die Frage nach den Gleichgewichtsmechanismen einer Wirtschaft unter den Bedingungen vollkommener oder unvollkommener Konkurrenz auf den Märkten. Der erste theoretische Versuch nach dem Zweiten

Weltkrieg wurde von dem Oxford-Ökonomen (und Keynes-Biographen) Roy Harrod unternommen und von dem Wirtschaftswissenschaftler Evzey Domar vom MIT formalisiert. Das Harrod-Domar-Theorem, das sie in die neoklassische Theorie einführen wollten, besagt, daß die Wachstumsrate einer Wirtschaft (eine abhängige Variable) bestimmt wird durch den Hang zum Sparen (entspricht ungefähr der Summe der Sparguthaben) und der »Grenzleistungsfähigkeit« des Kapitals (dem erwarteten zusätzlichen Gewinn aus einem zusätzlichen Kapitaleinsatz in der Produktion). Harrod unterstellte eine von ihm so bezeichnete »befriedigende« Wachstumsrate – ein Wachstum der Investitionen und der Nachfrage, bei dem das gesamte eingesetzte Kapital voll genutzt wird – und eine »natürliche« oder »potentielle« Wachstumsrate, die ausreichen würde, eine wachsende Zahl von Arbeitskräften unterzubringen, ohne dadurch die Arbeitsproduktivität zu senken. Wachstumsraten, die geringer seien als diese beiden Grenzwerte, führten zu Arbeitslosigkeit; Wachstumsraten, die darüber lägen, würden eine Inflation nach sich ziehen.

Obwohl das Harrod-Domar-Modell offenbar einen zufriedenstellenden Rahmen der Analyse anbot, ergaben sich im Hinblick auf seine Zweckmäßigkeit einige technische, empirische und andere Fragen. So werden z. B. nicht nur in diesem, sondern in allen makroökonomischen Modellen Kapital und Arbeit als aggregierte, homogene Größen behandelt, die Kapitalerträge werden als konstant und die Verbraucherwünsche und Produktionsverfahren als unveränderlich angenommen. In einer dynamischen Wirtschaft gilt jedoch kaum noch eine dieser Annahmen der klassischen Nationalökonomie. Genauer gesagt, in einer dynamischen Wirtschaft geht der Antrieb zum Wachstum von der technischen Entwicklung aus. Aber wie läßt sich der technische Fortschritt in diese Standardkonstanten »konvertieren«? Das Problem besteht darin, wie sich ein solches Modell selbst als vereinfachter Rahmen für eine deskriptive Analyse oder für politische Entscheidungen nutzen läßt.

Eine andere Frage, die von postkeynesianischer Seite gestellt wurde, bezog sich darauf, ob es überhaupt möglich ist, daß eine kapitalistische Wirtschaft mit einer »befriedigenden« und einer »natürlichen« Wachstumsrate wächst und auf diese Weise sowohl eine volle Kapazitätsauslastung als auch Vollbeschäftigung erreicht.[28]

Den Kern des Problems bildet die Frage, wie Investitionsentscheidungen zustandekommen. In der neoklassischen Theorie bestimmen die Ersparnisse über die Investitionen, und diese beruhen wiederum auf der Bereitschaft der einzelnen, auf einen Verbrauch in der Gegenwart zu verzichten, um mit dem Ersparten einen befriedigenden Zinsertrag oder Gewinn zu erzielen. Der Postkeynesianismus nimmt das Gegenteil an: es sind die Investitionen, die den Hang zum Sparen determinieren. Auf der Grundlage der Arbeit von Kalecki behaupten sie, daß die Investitionen zum größeren Teil aus Rücklagen, d. h. aus Gewinnen in der Vergangenheit finanziert werden und daß die Unternehmer in oligopolistischen Situationen ihre Verkaufspreise so hoch ansetzen, daß sie möglichst wenig Fremdkapital in Anspruch nehmen müssen. (Ein Beispiel hierfür ist das »Standardmengenkonzept« zur Festsetzung der Automobilpreise von General Motors).[29]

Die zentrale Bedeutung der Investition führt in der postkeynesianischen Theorie zu einer Aussage darüber, auf welche Weise in einer Wirtschaft die Einkommen festgesetzt werden. Sie lehnt die Auffassung ab, daß das Arbeitseinkommen von Grenznutzenerwägungen auf der mikroökonomischen Ebene des Arbeitsmarkts bestimmt wird. Mit Keynes nimmt sie an, daß die Arbeitskräfte den Reallohn, zu dem sie beschäftigt werden, weder kennen noch wählen können, so daß für ihre Forderungen allein Nominallöhne ausschlaggebend sind. Die Postkeynesianer bauen ihre Theorie der Einkommensverteilung auf dem Argument auf, daß ein Anstieg der wirtschaftlichen Wachstumsrate aufgrund des höheren Investitionsniveaus zwangsläufig den Anteil der Unternehmergewinne am Volkseinkommen auf Kosten der Löhne und Gehälter erhöht.[30]

Nach dieser Überlegung sind Veränderungen der – sowohl aggregierten wie sektoralen – Nachfrage eher auf Veränderungen der Einkommen als der relativen Preise zurückzuführen, und das Einkommen selbst hängt von der Marktmacht der rivalisierenden Interessengruppen ab. Die Inflationsrate wird einerseits bestimmt durch die Steigerungsrate der nominalen Geldlöhne gegenüber der Arbeitsproduktivität – ein Argument, das unlängst wieder von Richard Kahn, dem ältesten Mitarbeiter von Keynes in Cambridge vorgebracht wurde, als dieser die Relevanz der keynesianischen Theorie für die gegenwärtige Situation und insbesondere die Lage in England verteidigte. Auf der anderen Seite wird sie durch die Fähigkeit großer Unternehmen bestimmt, ihre Preise zu erhöhen oder sogar eher die Produktion als die Preise zu senken, um keine Gewinneinbußen zu erleiden. Nach diesem Verständnis ist Inflation primär ein Phänomen der Kostensteigerung: wenn der Staat – vor allem geldpolitisch – interveniert, um das Geldangebot zu verringern, verschärft sich der Konflikt zwischen den Interessengruppen, die bestrebt sind, ihren Marktanteil zu halten.

Die politischen Empfehlungen, die sich aus dieser Theorie ergeben, befürworten eine »Einkommenspolitik«, eine Reihe von Lohn- und Preiskontrollen, nicht nur im Gesamtmaßstab, sondern auch im Hinblick auf das relative Lohn- und Preisgefälle zwischen einzelnen Industrien und Berufen. Hierzu heißt es bei Basil J. Moore, einem Vertreter des Postkeynesianismus:

»Wenn die Regierung sich gezwungen sieht, den Anstieg einzelner Löhne und Gehälter zu regulieren, dann muß sie sich nicht nur Gedanken über angemessene Einkommensprofile der verschiedenen Altersklassen machen, sondern auch über angemessene relative Lohnstrukturen zwischen verschiedenen Berufen. Von da aus ist es nur noch ein kleiner Schritt zur Festlegung der angemessenen Einkommen von Rentiers und Unternehmern, und das gesamte System wird in seinen Fundamenten erschüttert. Wenn ein modernes kapitalistisches System, dessen Interessengegensätze kollektiv ausgehandelt werden, eine Stagflation vermeiden will, muß ein Konsens über gerechte relative Einkommen erzielt werden – und genau dies scheint unser gegenwärtiges politisches Vermögen zu übersteigen.«[31]

Die meisten orthodoxen Keynesianer sind überzeugt, daß Inflation oder Instabilität weitgehend durch institutionelle Faktoren verursacht wird, ohne daß sie deshalb das gesamte theoretische Gerüst von Sraffa oder Kalecki übernehmen. Für sie ist eine Synthese von Marshall und Keynes in der Formulierung durch Samuelson und Solow ein gültiges Modell der Wirtschaft – *außerhalb* des politischen Systems. In der wirklichen Welt erkennen sie natürlich die entscheidende Rolle des politischen Systems an und versuchen, aus einer Analyse der Wechselbeziehungen zwischen beiden Sphären wirtschaftspolitische Empfehlungen abzuleiten. Aber als Ökonomen sind sie überzeugt, daß nach wie vor eine reine Theorie möglich ist, die als Modell des »Als ob« dienen kann – als ob die einzelnen Wirtschaftssubjekte sich an den maximierenden Prinzipien eines rationalen Verhaltens orientieren würden.

Auf der Grundlage einer empirischen Untersuchung veröffentlichte Charles Schultze, zur Zeit der Vorsitzende des Council of Economic Advisers der USA, 1959 für das Joint Economic Committee im Kongreß eine Mongraphie mit dem Titel *Recent Inflation in the United States*, in der er die These vertrat, wenn Löhne und Preise so unelastisch würden, daß keine Bewegung nach unten mehr möglich sei, komme es wahrscheinlich zu einer Inflation. William Nordhaus, ein ehemaliges Mitglied des Council, schlägt das Modell einer »dualen Wirtschaft« vor.[32] Im einen Sektor gibt es »Auktionsmärkte«, auf denen Angebot und Nachfrage und flexible Preise herrschen, z. B. die Märkte für landwirtschaftliche Produkte, Bedarfsgüter, Effekten sowie einige international gehandelte Waren. Im anderen Sektor bestehen »verwaltete Märkte«, auf denen die Marktmacht von Käufern und Anbietern die Preisbewegungen einschränken kann – dies gilt für einen Großteil der herstellenden Industrie, öffentliche Versorgungsbetriebe, die Wirtschaftsaktivitäten des Staates und den Arbeitsmarkt. Aufgrund dieses Arguments haben Ökonomen wie Arthur Okun, Henry Wallich und Sidney Weintraub als wirtschaftspolitische Maßnahme Steueranreize vorgeschlagen, um Unternehmen, deren Preise oder Löhne bestimmte Richtwerte überschreiten, auf diese Weise zu belohnen oder zu bestrafen. Wie jedoch Edward Tufte und andere festgestellt haben,[33] gibt es auch einen »politischen Konjunkturzyklus«, weil Regierungen im Interesse der Aufrechterhaltung ihrer Popularität ihre Haushaltspolitik und ihre Ausgaben eher am Zeitpunkt von Wahlen orientieren als am eigentlichen Konjunkturzyklus und damit der Gesellschaft eine Fülle neuer wirtschaftlicher Probleme aufbürden. In den Worten von Assar Lindbeck:

»Die gegenwärtige ›Krise‹ der westlichen Wirtschaftssysteme ist nach meiner Meinung nicht in erster Linie eine ›Krise‹ der Wirtschaftswissenschaft, obwohl wir zweifellos die Stabilität der makroökonomischen Verhaltensfunktion überschätzt haben. Das eigentliche Problem liegt nicht darin, daß wir über kein analytisches Verständnis der Abläufe verfügen, sondern daß die institutionellen Veränderungen und die politischen Eingriffe für die Erhaltung einer makroökonomischen Stabilität politisch schwer durchzusetzen sind.«[34]

Und dennoch – auch wenn diese Frage über den Rahmen dieses Buchs weit hinausgeht – liegt möglicherweise das Grundproblem in der Beschaffenheit der ökonomischen Theorie selbst, wie sie von ihren Praktikern formuliert wurde. Warum überhaupt Theorie? Weil die Theorie unseren Blick auf das Wesentliche lenkt, auf die Wahl der relevanten Variablen des Untersuchungsgegenstandes.

Die ökonomische Theorie beruht im großen und ganzen auf

dem Modell der klassischen Mechanik und versucht, eine Wissenschaft nach dem Vorbild der Naturwissenschaften zu begründen. Das Modell der klassischen Mechanik führt zur Idee eines Gleichgewichts, bei dem sich natürliche Kräfte geltend machen und die wirtschaftlichen Verhältnisse wieder in ein Gleichgewicht bringen, dessen A und O der vollkommene Wettbewerb ist.[35] Die Ökonomie möchte sich als Wissenschaft etablieren, indem sie ihre Behauptungen als Axiome formuliert und die Parameter unterschiedlicher Handlungstypen so festlegt, daß daraus eine allgemeine, überhistorische Theorie und eine Klasse umfassender Gesetze entsteht, die den Bereich und die Typen möglicher Handlungen definieren.

Es ist jedoch sehr die Frage, ob die Nationalökonomie eine solche Wissenschaft sein kann, selbst im Rahmen ihres sich selbst auferlegten Gebots, exogene Faktoren auszuschließen. Sicherlich kann man das Problem stochastischer Störungen anerkennen, wenn es auch keine nennenswerte Rolle spielt, da Robert Lucas einen Weg gewiesen hat, diese Zufallsstörungen in einem Modell zu berücksichtigen. Die grundsätzlicheren Fragen sind erkenntnistheoretischer Art.

Die Wirtschaftswissenschaft hat es mit »menschlichem Handeln« zu tun, unterstellt jedoch ein rationales Eigeninteresse als Basis ihrer Annahmen oder Prognosen, als folgte dieses Handeln ähnlichen Gesetzen wie die Bewegung fester Körper. Das Ergebnis ist letztlich eine mechanistische Auffassung des menschlichen Verhaltens. (Auch Marx hatte gehofft, das »Bewegungsgesetz« des Kapitalismus aufzufinden.) Es ist jedoch keineswegs ausgemacht, daß diese Annahme gilt oder daß Prognosen möglich sind – um so weniger, wenn die Grundlage Erwartungen über menschliches Verhalten sind. Um es mit G. L. S. Shackle formaler auszudrücken: der theoretische Nationalökonom hat nur die Wahl zwischen »Rationalität« und »Zeit«.[36] Eine Theorie, die ohne eine zeitliche Dimension auskommen will, kann Aussagen über einen subjektiven Grenznutzen und ein partielles oder allgemeines Gleichgewicht machen. Doch die Einführung des Zeitfaktors hat nicht nur Unsicherheiten zur Folge, sondern zwingt auch zu einem Verständnis nichtrationaler Handlungen, um die von Menschen getroffenen Entscheidungen erklären zu können.

Vor einigen Jahren habe ich in meinem Buch *The Coming of Post-Industrial Society* (dt. *Die nachindustrielle Gesellschaft*) versucht, das Problem anders zu formulieren:

»Der theoretische Vorzug des Marktes liegt darin, daß er die wechselseitige Abhängigkeit der Menschen in gewisser Hinsicht optimal koordiniert, entsprechend den geäußerten Präferenzen von Käufern und Verkäufern und im Rahmen einer gegebenen Einkommensverteilung. Was jedoch letzten Endes der Wirtschaft die Richtung weist, ist nicht das Preissystem, sondern – worauf Veblen besonders hingewiesen hat – *das Wertesystem der Kultur*, in das die Wirtschaft eingelagert ist. Das Preissystem ist nur ein Mechanismus für die relative Allokation von Gütern und Dienstleistungen innerhalb des Rahmens der erzeugten *Nachfrageformen.* Deshalb kann jede wirtschaftliche Lenkung nur so effizient sein wie das kulturelle Wertesystem, von dem sie geformt wird.«[37] In den Kategorien einer älteren philosophischen Diskussion lautet die Frage, ob die Nationalökonomie *theoretische* oder *praktische Erkenntnis* hervorbringt, ob sie eine Natur- oder eine normative Wissenschaft ist. Die Schwierigkeiten der letzten zehn bis fünfzehn Jahre und die Krise der ökonomischen Theorie haben diese Frage für die Sozialwissenschaften zu einer besonders vordringlichen gemacht.

Die Wirtschaftswissenschaft wird gemeinhin in die beiden großen Bereiche Makro- und Mikroökonomie unterteilt. Im ersteren geht es um volkswirtschaftliche Gesamtgrößen wie Bruttosozialprodukt, Ersparnisse, Investitionen, umlaufende Geldmenge und dergleichen. Die meisten wirtschaftspolitischen Erörterungen werden auf dieser Makroebene geführt. Die Mikroökonomie befaßt sich dagegen mit den Entscheidungen einzelner Wirtschaftssubjekte (Personen oder Unternehmen), die auf der Basis von Präferenzen oder Bedürfnissen im Hinblick auf Angebot und Nachfrage auf die einzelnen Marktpreise reagieren. Gegenstand der Makroökonomie ist also die Summe der Entscheidungen von Tausenden und Millionen von Wirtschaftssubjekten, die sich in Preistransaktionen ausdrücken, und damit bilden die Postulate der Mikroökonomie – die das Verhalten der einzelnen betreffenden Annahmen – die Grundlage für den begrifflichen Rahmen der makroökonomischen Theorie.

Die neoklassische mikroökonomische Theorie ist utilitaristisch. Sie enthält bestimmte Annahmen, die das Handeln, wenn nicht sogar die Handlungsmotive von Menschen betreffen. So unterstellt sie etwa, daß diese Entscheidungen rational sind (d. h. daß die gewählten Mittel bestimmten Zwecken dienen), auf relevanten Informationen über alternative Preise auf den Märkten beruhen und so getroffen werden, daß sie den Ertrag (oder die Effizienz) maximieren oder optimieren und die Verluste (oder Kosten) minimieren. Auf einer formaleren Ebene lassen sich die Handlungen in »Nutzenpräferenz-Tabellen« eintragen oder »skalieren« (in eine Rangordnung bringen), so daß die einzelnen Wirtschaftssubjekte die relativen Kosten oder den Wert ihrer Entscheidungen beurteilen können. Aus diesen Tabellen wurden die spezielleren Werkzeuge der Ökonomie entwickelt, z. B. »Indifferenzkurven«, die gleichwertige Mengenkombinationen von jeweils zwei Gütern darstellen, wobei die Kombinationen aufgrund des jeweils gleichen Preises untereinander austauschbar sind, oder »Produktionsfunktionen«, aus denen sich die für eine bestimmte Produktionsmenge effizienteste Kombination aus den einzelnen Produktionsfaktoren (Arbeitskräfte, Maschinen, Rohstoffe usw.) ablesen läßt, oder »Opportunitätskosten«, bei denen die für ein Projekt aufgewendeten Kosten mit dem entgangenen Nutzen eines alternativen Projekts verglichen werden, auf das bei Verwirklichung des ersten Vorhabens verzichtet werden muß, und so weiter.

Diese Form des Verhaltens, die als »rationales Handeln« bezeichnet wird, bildet im allgemeinen den Gegenpol zum Verhalten in einer »traditionellen Gesellschaft«, in der die Preise möglicherweise durch Herkommen festgesetzt werden, wo die Sitten über den Einsatz der Produktionsfaktoren bestimmen oder die Märkte unübersichtlich oder politischen Verordnungen unterworfen sein können.

Die makroökonomische Theorie wurde in den letzten Jahren nicht nur mit dem Argument kritisiert, daß ihr theoretisch geschlossenes System interagierender Variablen wegen der zunehmenden Bedeutung »exogener« Faktoren sinnlos wird, z. B. in Form von staatlichen Interventionen, sondern daß auch die Annahmen der Mikroökonomie, auf der sie aufbaut, nicht zutreffen. Gibt es ein Lebewesen wie den »homo oeconomicus« oder ein Verhalten, das man als »rational« bezeichnen kann?

Eine mögliche Antwort auf diese Frage lautet, daß »rationales Verhalten« einfach ein normatives Richtmaß ist, eine theoretische Annahme darüber, welche Allokation und Verteilung sich ergäbe, *wenn* sich die Individuen so und so verhielten; und als normative Richtschnur ist es ein Maßstab, mit dem sich die Mängel des tatsächlichen oder nichtrationalen Verhaltens beurteilen lassen. Dieses Argument umgeht jedoch das eigentliche Problem, weil es das tatsächliche Verhalten von Menschen nicht erklärt. Die meisten Nationalökonomen halten ihre Disziplin für eine echte Wissenschaft, die ihren Gegenstand nicht nur beschreibt, sondern auch erklärt, und sie sind bemüht, ihre Hypothesen ebenso als Gedankenmodelle zu rechtfertigen wie empirisch zu begründen. Sie sind davon überzeugt, daß der Mensch im Bereich von Produktion und Konsumption tatsächlich der »homo oeconomicus« ist. Und an diesem Punkt hat sich in den letzten Jahren die Debatte um die Annahmen der Mikroökonomie entzündet.

Auf der einen Seite stehen Nationalökonomen wie Gary Becker von der University of Chicago, die behaupten, daß die Annahmen der Utilitaristen nicht nur in der Sphäre der Wirtschaft gelten, sondern auch auf eine Vielfalt anderer Bereiche angewandt werden können – z. B. auf kriminelles Verhalten oder Eheschließungen –, die im allgemeinen als außerökonomisch betrachtet werden. Für Becker ist die Nationalökonomie nicht durch ihren Gegenstand, sondern durch ihren Ansatz definiert:

»In der Tat bin ich zu der Auffassung gekommen, daß der ökonomische Ansatz so umfassend ist, daß er auf alles menschliche Verhalten anwendbar ist, sei es nun Verhalten, das monetär meßbar ist oder dem man ›Schatten‹-Preise unterstellen kann, seien es wiederkehrende oder seltene Erscheinungen, seien es wichtige oder nebensächliche Entscheidungen, handele es sich um emotionale oder nüchterne Ziele, reiche oder arme Menschen ... Patienten oder Therapeuten, Geschäftsleute oder Politiker, Lehrer oder Schüler. Die Anwendungsmöglichkeiten eines so aufgefaßten ökonomischen Ansatzes sind ebenso breit wie es der Reichweite der Ökonomie im Sinne der oben erörterten Definition entspricht, die auf knappe Mittel und konkurrierende Ziele abstellt.«[38]

Becker und mit ihm eine Reihe weiterer Wirtschaftswissenschaftler gehen davon aus, daß ein gewinnmaximierendes Verhalten und stabile Präferenzen keine bloßen Hypothesen sind, sondern sich aus der natürlichen Zuchtwahl im Verlauf der Evolution erklären lassen, da sie eine optimale Anpassung darstellen. Unterstützung für ihre Annahmen fanden diese Ökonomen bei der Soziobiologie. Jack Hirshleifer von der University of California in Los Angeles behauptet sogar, daß »die grundlegenden Begriffe der in der Nationalökonomie und der Soziobiologie vorherrschenden analytischen Strukturen überraschende Parallelen« aufweisen.[39]

Diese Versionen eines »homo oeconomicus« werden von den unterschiedlichsten Autoren innerhalb der Sozialwissenschaft kritisiert, die sich darin einig sind, daß das Rationalitätsmodell der Utilitaristen zu abstrakt ist und durch das tatsächlich beobachtbare menschliche Verhalten nicht bestätigt wird. Eine der ersten und umfassendsten Kritiken stammt von Herbert A. Simon, einem Politikwissenschaftler, der sich ursprünglich mit Organisationstheorie befaßt und 1978 sogar den Nobelpreis für Wirtschaftswissenschaften erhalten hatte. In seinem Buch *Entscheidungsverhalten in Organisationen* schreibt er:

»Der homo oeconomicus hat ein vollständiges und konsistentes Präferenzsystem, das es ihm immer erlaubt, aus den ihm verfügbaren Alternativen zu wählen; er ist sich immer vollständig bewußt, welches diese Alternativen sind; es gibt keine Grenzen für die Komplexität der Berechnungen, die er durchführen kann, um zu bestimmen, welche Alternativen die besten sind; Wahrscheinlichkeitsberechnungen sind für ihn weder beängstigend noch rätselhaft.«[40]

Derartige Annahmen haben jedoch nach Simon mit dem Verhalten von Menschen aus Fleisch und Blut wenig zu tun. Die Hauptschwierigkeiten – hier konnte Simon auf seine Arbeit als Computerwissenschaftler zurückgreifen – liegen in der Beschränkung des menschlichen Erinnerungs- und Kalkulationsvermögens und in den mannigfaltigen und konfligierenden Zielen beim Problemlösen.

Dem Begriff des »homo oeconomicus« stellte Simon die Idee einer »beschränkten Rationalität« entgegen und hob dabei drei Aspekte besonders hervor. Er ging davon aus, daß Handlungsalternativen während eines Suchverhaltens entdeckt werden, das nur relativ *wenig* Alternativen berücksichtigt. Gegenüber der Skalierung von Nutzenpräferenzen in einer vollständigen Rangreihe schlug er eine zweiwertige Nutzenfunktion mit den beiden möglichen Zuständen »befriedigend« und »unbefriedigend« vor sowie eine Abfolge von Alternativmöglichkeiten, die sich als »Suchbaum« verzweigen, und bei der jede neue Entscheidung vom Ergebnis der zuletzt getroffenen Entscheidung abhängt.

Hatten die Ökonomen jede Wahl als eine Menge von *neuen* Entscheidungen gegenüber jedem einzelnen Problem (oder Preis) begriffen, so waren Entscheidungen nach Simon Kombinationen aus gewohnheitsmäßigen Annahmen und Regeln, die allenfalls langfristigen Änderungen unterworfen sind.

Dies waren zunächst technische Argumente innerhalb der Entscheidungstheorie, doch Simon wandte sie prinzipiell auf jedes Organisationsverhalten an. Dabei zeigte sich, daß der aus den Begriffen »Maximierung« und »Optimierung« abgeleitete Begriff »Organisationseffizienz« auf das Verhalten von Organisationen gar nicht anwendbar war. Jede Organisation hatte bestimmte Ziele, die einander entgegenstanden; es stellte sich als schwierig heraus, sich auf Erfolgskriterien zu einigen, und die meisten Manager handelten nur selten nach einem Maximierungsprinzip, wenn auch nur deshalb, weil es zu kostspielig oder zeitaufwendig gewesen wäre, alle entscheidungsrelevanten Informationen zu beschaffen. Statt dessen wählten die Organisationen in der Regel ein Verfahren, das zwar nicht unbedingt »das beste«, dafür jedoch gut genug war, um unannehmbare Probleme zu vermeiden. Entscheidend ist der Umstand, daß Organisationen keine monolithischen Unternehmen sind, sondern komplexe Systeme, deren Entscheidungen eine Vielfalt von Verhandlungen vorausgeht, und daß es unmöglich ist, ihr Verhalten einschließlich ihrer wirtschaftlichen Entscheidungen zu verstehen, ohne diese Komplexität in Rechnung zu stellen.[41]

Gegen diese Kritik ist wiederum folgender Einwand möglich: Auch wenn eine Organisation aus einer Menge von Individuen gebildet wird, so ist jeder einzelne dennoch innerhalb des Unternehmens bestrebt, den eigenen Vorteil zu maximieren, und wenn die Organisation auf ihre äußere Umwelt auch nicht immer in der optimalen Weise reagiert, so bringen ihre Entscheidungen doch immerhin das Resultat der Auseinandersetzungen zwischen den Hauptbeteiligten zum Ausdruck. Diese Position vertritt z. B. J. Kenneth Galbraith in seinem Buch *Die moderne*

Industriegesellschaft, wo er behauptet, daß die »Technostruktur« oder die herrschende Bürokratie innerhalb einer Organisation eher bestrebt ist, ihre eigenen Interessen zu wahren als etwa die Unternehmensgewinne für die Anteilseigner zu maximieren.[42]

Ein weiteres Argument betrifft hingegen die innere Logik der mikroökonomischen Theorie selbst und wird von Harvey Leibenstein von der Harvard University vorgebracht.[43] Für ihn ist eine Minimierung der Kosten in der Mehrzahl der Unternehmen eher die Ausnahme als die Regel, und gegenüber der Vorstellung einer *Allokationseffizienz*, die in der neoklassischen Wirtschaftswissenschaft herrscht, schlägt Leibenstein die Begriffe *X-Effizienz* und *X-Ineffizienz* vor. Die Differenz zwischen dem optimalen Einsatz unter dem »rationalen« Blickwinkel des Unternehmens und dem tatsächlich von den Mitarbeitern erreichten Resultat bezeichnet er als *X-Effizienz*.

Etwas vereinfacht ausgedrückt behauptet Leibenstein, daß die meisten Verhaltensweisen durch Gewohnheit, Routine oder eingepflanzte Traditionen geformt werden. Für ihn ist die entscheidende Maßzahl für die Effizienz einer Organisation der Umfang und die Art des *Einsatzes* eines Individuums, und dieser Einsatz ist als solcher keine Variable der mikroökonomischen Theorie. Kurz, Leibenstein schlägt vor, in der ökonomischen Theorie die Nichtmaximierung als Regel und die Maximierung als Sonderfall zu behandeln. Mit dieser Betonung von Gewohnheiten und institutionalisiertem Verhalten geht Leibenstein zurück zu Thorstein Veblen, um eine modifizierte Theorie des mikroökonomischen Verhaltens aufzustellen.

Thomas C. Schelling von der Harvard University hat die Annahmen der Mikroökonomie von einer dritten Seite aus in Frage gestellt.[44] Eine der Grundannahmen der Wirtschaftswissenschaft unterstellt, daß das Verhalten auf der Makroebene eine *lineare* Addition aller auf der Mikroebene getroffenen Entscheidungen darstellt. Dem gegenüber argumentiert Schelling, daß die Befriedigung individueller Bedürfnisse in der Summe für den einzelnen häufig zu einem Alptraum wird. Anders ausgedrückt, die Summe wirtschaftlicher Einzelentscheidungen ist etwas qualitativ anderes als die Handlungen von »Individuen«.

Schelling bezieht seine Beispiele hierfür aus der Alltagserfahrung. Wenn es auf der Autobahn zu einem Verkehrsunfall kommt, verlangsamen die Kraftfahrzeuge auf der gegenüberliegenden Fahrbahn das Tempo, um einen Blick auf die Unfallstelle zu werfen; in der Folge werden sämtliche Fahrzeuge dieser Fahrbahn langsamer, und jeder Fahrer blickt vielleicht zehn Sekunden auf das Geschehen, während die gesamte Autokolonne dadurch zehn Minuten verliert. Im Fall einer Benzinrationierung kommt es vor, daß die ersten Kunden bereits frühmorgens um 6:30 Uhr vor der Tankstelle warten, obwohl diese erst um 7:00 Uhr öffnet. Wenn jedoch jeder früher dort sein will als der Durchschnitt der übrigen Tankkunden, kommt es zu einer »sich selbst verschiebenden Prophezeiung«, und der Durchschnitt der Ankunftszeit der Kunden wird immer früher. Jeder einzelne reagiert auf das erwartete Gruppenverhalten, doch die Gruppe besteht ihrerseits aus den einzelnen Individuen. Somit ist die durchschnittliche Ankunftszeit an der Tankstelle »eine statistische Konsequenz des [von ihr] induzierten Verhaltens«. Auf derselben Ebene liegt es, wenn eine tolerante Familie keine Einwände dagegen hat, wenn Schwarze in ihrer Nachbarschaft einziehen. Nimmt deren Zahl jedoch zu, so werden Befürchtungen geweckt, daß dieser oder jener Nachbar aus Angst vor einer Beeinträchtigung der Grundstückspreise wegziehen könnte, so daß die tolerante Familie schließlich selbst als erste beschließt, wegzuziehen und so den befürchteten Prozeß überhaupt erst auslöst. Kurz, miteinander in Wechselwirkung stehende Erwartungen können sich selbst bestätigen oder widerlegen. Ein und dieselbe Verteilung von Mikromotiven kann auf der Makroebene zu ganz abweichenden Ergebnissen führen – zu einem übermäßigen Andrang ebenso wie zu einem überstarken Rückzug.

Worauf es Schelling ankommt, ist der Umstand, daß die Befriedigung der Bedürfnisse von interagierenden Personen häufig ein Ergebnis zeitigt, das keines der einzelnen Individuen gewollt hat. Eines der bekanntesten Beispiele hierfür stammt von Garrett Hardin, der es als »die Tragik der Gemeindewiesen« bezeichnet hat.[45] Hierbei wird ein kollektives Gut von einzelnen nach dem Prinzip der individuellen Nutzenmaximierung so lange im Übermaß genutzt, bis es zerstört ist. Wenn jemand als einzelner im Interesse der Erhaltung dieses kollektiven Gutes sein Vieh nicht auf die Gemeindewiesen treibt, so erhöht er damit nur den Vorteil von anderen, ohne selbst etwas davon zu haben. In anderen Fällen, wo es ebenfalls um öffentliche oder kollektive Güter geht (z. B. um einen Tarifvertrag zwischen der Gewerkschaft und einem Unternehmerverband), ist es andererseits möglich, daß jemand am Zustandekommen eines für ihn besseren Ergebnisses materiell nicht beteiligt ist (weil er z. B. keine Gewerkschaftsbeiträge bezahlt) und trotzdem – als »Trittbrettfahrer« – davon profitiert. Kurz, da Individuen, zwischen denen bestimmte Wechselwirkungen bestehen und die in ihrem Handeln von Mikromotiven geleitet werden, ihre Aktivitäten in der Regel nicht aufeinander abstimmen, bedarf es bestimmter Maßnahmen im Interesse der Gruppe. Schelling gelangt zu dem Schluß:

»Ein Großteil der gesellschaftlichen Organisation besteht aus institutionellen Vorkehrungen zur Ausschaltung solcher Diskrepanzen zwischen wohlverstandenem Eigeninteresse und einem Kollektivabkommen auf höherer Ebene. (Im obigen Beispiel würde das Kollektivabkommen den einzelnen verpflichten, weniger Vieh auf die Gemeindewiesen zu treiben, um sie nicht zu zerstören.) Ein Teil ist auf den Markt ausgerichtet – Eigentum, Verträge ... und eine Vielfalt von Verkehrs- und Informationssystemen. Ein Teil hängt mit staatlichen Maßnahmen zusammen – Steuern, mit denen öffentliche Dienstleistungen bezahlt werden ... Speziellere Zusammenschlüsse – die Gewerkschaft, der Verein, die Nachbarschaft – können Anreize oder Regelungen schaffen, die den Zweck verfolgen, die Individuen zu einem Verhalten zu bewegen, das ihnen nur als Gruppenverhalten, nicht jedoch als individuelles Verhalten wünschenswert erscheint. Manchmal ist es unsere moralische Erziehung, die uns statt Marktgesetzen und Regelungen dazu anhält, jene Dinge zu tun, zu denen wir ansonsten nur bereit sind, wenn wir dafür langfristig mit einer Gegenleistung rechnen können.«[46]

Zusammenfassend stellt sich also die Frage: Wenn ökonomische Aktivitäten gesellschaftliche Vorgänge sind, ist dann eine zureichende ökonomische Theorie des wirtschaftlichen Verhaltens außerhalb einer umfassenden soziologischen Theorie überhaupt möglich? Dies ist eine Frage, die Nationalökonomen und Soziologen im kommenden Jahrzehnt beschäftigen wird.

Neomarxismus

In den letzten zwanzig Jahren erlebte die Welt einen überraschenden Aufstieg marxistisch orientierter Politik und neomarxistischen Denkens in einem ebenso unerwarteten Ausmaß, nachdem gegen Ende der 50er Jahre im Westen der Eindruck entstanden war, daß sich die radikalen Ideen erschöpft hätten.[47] An diesen Veränderungen waren drei Entwicklungen besonders beteiligt:

Zum ersten trat eine große Zahl von Ländern aus der Dritten Welt auf den Plan, die sich als marxistisch bezeichneten, wie Kuba, Vietnam, Kambodscha, Mozambique und Angola, sowie einer Reihe so unterschiedlicher Länder wie Südjemen, Afghanistan, Libyen oder Algerien, die sich als sozialistisch verstanden. Paradoxerweise entsprangen diese Entwicklungen zum geringsten Teil der klassischen Marxschen Theorie, die in ihrem westlich orientierten Rahmen der Evolution von Gesellschaftsformationen den Sozialismus als die nächsthöhere Stufe nach dem Kapitalismus sah. In fast allen Fällen handelte es sich um aus dem Kolonialismus entlassene Agrarländer, in denen junge Eliten an die Macht gekommen waren, die sich zum Ziel gesetzt hatten, ihr Land durch staatliche Planung von oben zu verändern. Diese politischen Führer hatten wie Caliban eine Sprache gelernt, die sie zur Agitation gebrauchten. Ihr Marxismus war eine Rhetorik des Antiimperialismus und eine Methode der politischen Mobilisierung der Massen.

Ein zweiter Grund waren die Jugendrevolten der 60er Jahre in den westlichen Industrieländern, die sich gegen »Establishment« und »Autorität« richteten und für Spontaneität und Selbstbestimmung, Mitsprache und kollektive Lebens- und Arbeitsformen eintraten; Materialismus und Konsumdenken waren verpönt. Inhaltlich richtete sich die Revolte vor allem gegen die sichtbarsten Merkmale einer kapitalistischen Gesellschaft, und ihre ersten Wirkungen zeigten sich in der Kultur (genauer gesagt der »Gegenkultur«) und in der politischen Diskussion um Fragen der Lebensqualität, insbesondere im Hinblick auf Ökologie und Umweltschutz. Zeitweilig parallellaufend, zum Teil aber auch miteinander verflochten waren die Forderungen der Schwarzen nach Bürgerrechten und die der Frauen nach Gleichberechtigung. Als die jungen Radikalen der 60er Jahre ihren »Langen Marsch durch die Institutionen« vor allem in den Universitäten begannen und die Rezession der 70er Jahre den wirtschaftlichen Niedergang der westlichen Welt anzukündigen schien, wandten sich viele der jüngeren Wissenschaftler – geistig noch unfertig und Anhänger eines Populismus – den verschiedensten Formen des Neomarxismus zu, um ihr Weltbild weiterzuentwickeln und um sich in eine kohärentere Form der Gesellschaftsanalyse zu vertiefen.

Die dritte, zunächst von den beiden anderen unabhängige Entwicklung, die jedoch am Ende ein neues Fundament lieferte, bestand in der wissenschaftlichen Beschäftigung mit Marx, die in den 50er Jahren begonnen hatte, sowie in der Veröffentlichung zahlreicher Texte von Marx, die in den Jahren nach der Russischen Revolution von den sowjetischen Kommunisten mit ihrem Monopol auf die Herausgabe seines Werks ignoriert oder unterdrückt worden waren. Die »Wiederentdeckung« vergessener marxistischer Autoren der 20er Jahre wie Lukács, Gramsci und Korsch oder der plötzliche Aufstieg der »Frankfurter Schule«, zu der Adorno, Horkheimer, Marcuse und später auch Jürgen Habermas gehörten, das alles bildete die Grundlage ungeheuer eifriger Veröffentlichungen früherer Texte, nächtelanger

Diskussionen ihrer Ideen und erbitterter exegetischer Auseinandersetzungen über die eigentlichen Absichten von Marx oder um seine Relevanz für die Gegenwart.

Es bedürfte eines eigenen Buchs vom Umfang der vorliegenden Monographie, um allein die Streitfragen und die zahlreichen revisionistischen Debatten in einem Dutzend der unterschiedlichsten Disziplinen zu skizzieren, die durch diesen neuen Ausbruch an intellektueller Energie hervorgerufen wurden. Bei jeder philosophischen Weltanschauung, die in einem Glaubenssystem verankert ist wie etwa das Christentum, gewinnt bereits die kleinste Zergliederung »des Wortes« einen schicksalhaften Charakter. Nicht anders als im Christentum, wo der Verlust der Erlösung droht, sobald auch nur ein Buchstabe falsch gelesen wird (*homoiousian* gegenüber *homoousian*), läuft auch im Marxismus die geringfügigste Abweichung von der reinen Lehre Gefahr, die Revolution aus ihren geschichtlichen Bahnen zu werfen.

Zu alldem kommt die nach wie vor bestehende Schwierigkeit des Marxismus, daß keine endgültigen Texte vorliegen. Bis heute gibt es keine vollständige Ausgabe aller Schriften von Marx und Engels. Und wenn sie eines Tages vorliegt, bleiben die Probleme weiterhin bestehen, die sich aus einem unauflöslichen Dilemma ergeben, mit dem schon Marx selbst zu kämpfen hatte: die Wahl zwischen einem Voluntarismus (die Menschen machen ihre eigene Geschichte) und einem Determinismus in der Geschichte, zwischen einer praktischen und einer rein betrachtenden Erkenntnistheorie, zwischen einer menschlichen Natur mit unveränderlichem Wesen und einer Menschennatur, die sich mit der Zunahme der technischen Möglichkeiten des Menschen verändert.[48]

Besonders erstaunlich ist die Tatsache, daß die meisten, wenn nicht alle philosophischen Frühschriften von Marx, die vor 1847 geschrieben wurden, und die zwar umrißhafte, aber ausführliche soziologische Abhandlung *Grundrisse der Kritik der politischen*

Ökonomie (1857–1859) erst ein halbes Jahrhundert nach seinem Tod veröffentlicht wurden: *Die deutsche Ideologie* und die *Ökonomisch-Philosophischen Manuskripte* in den 30er und die *Grundrisse* in den 50er Jahren. Marx vollendete nur den ersten Band von *Das Kapital*; die beiden anderen Bände wurden willkürlich von Engels zusammengestellt, während ein dickes Bündel von Vorarbeiten, die *Theorien über den Mehrwert*, erst nach Engels' Tod von seinem literarischen Nachlaßverwalter Karl Kautsky in vier Bänden herausgegeben wurde.

Die erste Generation marxistischer Theoretiker, unter ihnen Kautsky, Lenin und Plechanow, wußte kaum etwas oder gar nichts von den Frühschriften. Ihr Marxismusverständnis leitete sich aus der ersten Kodifizierung des Marxschen Werkes ab, dem *Anti-Dühring* von Engels (1878) und einem darauf fußenden Aufsatz »Die Entwicklung des Sozialismus von der Utopie zur Wissenschaft« (1882). Engels hielt anscheinend wenig von den Marxschen Frühschriften, und als er 1893 von einem Besucher gefragt wurde, warum er sie nicht veröffentliche, gab Engels zur Antwort, man müsse Hegel gelesen haben, um sie zu verstehen, viele Texte seien in ihrer metaphysischen Sprache ziemlich unzugänglich, und es sei seine vordringlichste Aufgabe, *Das Kapital* herauszubringen, das er als die wichtigste Leistung von Marx ansah.

Engels hatte 1886 eine ausführliche Besprechung einer Monographie über Ludwig Feuerbach verfaßt, den unmittelbaren geistigen Mentor von Marx, die unter dem Titel *Ludwig Feuerbach und der Ausgang der klassischen deutschen Philosophie* erschien. Ihr hatte er jene fragmentarischen und unvollständigen (kaum mehr als aphoristischen) Notizen von Marx unter dem Titel »Thesen über Feuerbach« nachgestellt, die er für die »handfestesten« jener frühen philosophischen Aussagen hielt.

Eine merkwürdige Folge dieser herausgeberischen Praxis war die Tatsache, daß eine Reihe von Begriffen, die in den letzten 25 Jahren unauflöslich mit dem Namen Marx verbunden schienen, den ersten Marx-Exegeten fast völlig unbekannt war und in ihren Schriften überhaupt nicht auftauchte. Ganz besonders gilt dies für den Begriff der *Entfremdung*. Er findet sich in keiner einzigen der Schriften von Engels, Plechanow, Kautsky oder Lenin. Unter dem Stichwort »alienation« in der maßgeblichen *Encyclopaedia of the Social Sciences* von 1931 ist lediglich »alienation of property«, die »Veräußerung von Eigentum« als ein juristischer Terminus vermerkt, und die von Karl Korsch verfaßte biographische Eintragung über Marx in dieser Enzyklopädie enthält den Begriff ebenfalls nicht. Die 1936 erschienene eingehende Untersuchung *From Hegel to Marx* von Sidney Hook, die minutiös die Entwicklung des Marxschen Denkens von Hegel über die verschiedenen Linkshegelianer bis zu seiner eigenen Philosophie verfolgt, enthält nur einen kurzen Verweis auf den Begriff, der dann im Sachregister gar nicht mehr erscheint.

Dennoch gilt »Entfremdung« in den seit 1960 erschienenen wichtigen Arbeiten über Marx als Zentralbegriff in dessen Denken. In seinem 600 Seiten starken Werk *La Pensée de Karl Marx* hat der französische Autor Père Jean-Yves Calvez diesen Begriff als Leitmotiv gewählt, anhand dessen er das gesamte Werk von Marx erforscht. Dasselbe gilt für die Arbeiten von Iring Fetscher. Schließlich stellen auch populärwissenschaftliche Autoren wie Bertell Ollmann und Richard Schacht den Entfremdungsbegriff ins Zentrum ihrer Bücher über Marx.

Dies alles hat zu einer exegetischen Debatte darüber geführt, ob das Denken von Marx eine *Kontinuität* oder einen Bruch aufweist. David McClellan, der sich gerade zu diesem Thema ausführlich geäußert und unlängst auch eine Marxbiographie veröffentlicht hat, vertritt die These einer Konsistenz und Kontinuität im Marxschen Denken und verweist insbesondere darauf, daß der Begriff der Entfremdung auch in den *Grundrissen* gebraucht wird. Andererseits behaupten so unterschiedliche Autoren wie Sidney Hook und Louis Althusser – wenngleich mit je eigener Begründung –, aus den Marxschen Schriften lasse sich ein

Bruch in seinem Denken ablesen, den sie auch unterschiedlich datieren. Für Hook war der Entfremdungsbegriff ein Produkt der deutschen Romantik, die von Marx später selbst verspottet wurde, und er sei verschwunden, weil Marx seit der *Deutschen Ideologie* die gesellschaftlichen Verhältnisse exakter als Klassenverhältnisse fassen wollte. Für Althusser fällt der entscheidende Bruch mit der Niederschrift des *Kapitals* zusammen, das er als die Grundlegung der wissenschaftlichen gegenüber den philosophischen Arbeiten von Marx versteht. Dem Laien mag dies verwirrend und als rein scholastischer Streit um die rechte Lehre erscheinen, doch soweit eine Lehre umgreifende geistige Strukturen oder gar politische Bewegungen formt, gilt noch immer der Satz: Am Anfang – und am Ende – war das Wort.

Zu alledem kommt noch als Schwierigkeit hinzu, daß es keinen einzigen zentralen Begriff bei Marx gibt, der eindeutig definiert wäre, und daß etliche wichtige Termini, die sich heute mit seinem Namen verbinden, gar nicht von ihm stammen. So wurde etwa der Begriff »historischer Materialismus« von Engels geprägt, und das Konzept des »dialektischen Materialismus« stammt nicht einmal von Engels, sondern von Plechanow.

Nehmen wir als Beispiel den Klassenbegriff von Marx. Die marxistische Gesellschaftstheorie läßt sich grob vereinfacht so ausdrücken: »Alle gesellschaftlichen Verhältnisse sind in letzter Instanz Klassenverhältnisse.« Dieses Verständnis ist eine der Stärken des Marxismus, wirft jedoch auch bestimmte Probleme auf. Die Behauptung, daß alle Formen von gesellschaftlichen Unterschieden sich letztlich aus der Klassenstruktur ableiten, liefert einen hervorragenden Erklärungsrahmen für gesellschaftliches Verhalten. Sie legt eine einzige Achse fest, die zwei fundamental entgegengesetzte Interessen voneinander scheidet; sie macht unterschiedliche Weltanschauungen (und selbst Wahrheiten) und Lebensweisen als klassenspezifische kenntlich. Die Schwierigkeit liegt darin, daß diese Aussage eher metaphorisch als deskriptiv ist. Sie gerät ins Wanken, sobald wir die Frage stellen, was mit »Klasse« genau gemeint ist.

Marx verwendet diesen Begriff in nicht weniger als fünf verschiedenen Bedeutungen. Selbst wenn sich Klasse im allgemeinsten Sinn primär auf die Stellung im Produktionsprozeß bezieht wie bei den beiden Hauptklassen im Kapitalismus (d. h. der großen Masse der Geschäftsleute, freien Berufe, Priester, Offiziere und Regierungsbeamten, die nicht unmittelbar am Produktionsprozeß beteiligt sind, und den Arbeitern, die deren Lebensunterhalt sichern, indem sie »Mehrwert« schaffen), sind die Abgrenzungen unbestimmt. Wer gehört zur Arbeiterklasse? Sind es nur die unmittelbar in der Produktion Tätigen, die Fabrikarbeiter? Welcher Klasse sind Büroangestellte und technisches Personal zuzuordnen? Was ist mit den Managern, die Gehaltsempfänger sind, aber das Unternehmen leiten? Wer sind die »Kapitalisten«? Was heißt es, Eigentum zu »besitzen«? Wer besitzt die Versicherungsunternehmen auf Gegenseitigkeit, die in den Vereinigten Staaten über das größte verfügbare Kapital befehlen? Und wer »besitzt« AT&T, Exxon oder General Motors, die größten kapitalistischen Unternehmen in den USA?

Kein Wunder, daß selbst überzeugte Marxisten an dieser Stelle etwas ratlos sind. Die Beschäftigung mit Marx und die Neuinterpretation seiner Schriften haben in alle Disziplinen Eingang gefunden – in die Philosophie, Ästhetik, Geschichte, Soziologie und die Wirtschaftswissenschaft. Abermals ist zu unterscheiden zwischen einer politischen und moralischen Kapitalismuskritik von einem radikalen Standpunkt aus (und ihrer möglichen Gültigkeit) und dem Versuch, auf dem Fundament des Marxschen Denkens eine neue Philosophie und Sozialwissenschaft aufzubauen. Nur auf diesen zweiten Aspekt möchte ich hier kurz eingehen.

Der zentrale Ausgangspunkt war die Philosophie. Hier war der sogenannte »klassische Marxismus« Gegenstand besonders heftiger Debatten und gründlicher Prüfung. Der klassische

Marxismus, wie er von Engels formuliert wurde, ging von einer »Abbildtheorie der Erkenntnis« aus: was wir erkennen, ist eine Widerspiegelung der äußeren Wirklichkeit. Das war zweifellos eine mechanistische Position, da der Materialismus zur Grundlage aller Erkenntnis gemacht wurde, und um Veränderungen, selbst solche in der Natur, zu erklären, behauptete Engels, die »Materie« bewege sich »dialektisch«. Außerdem wollte er entsprechend der Mode seiner Zeit dem Marxismus ein »wissenschaftliches« Gewand umhängen, indem er fast nach dem Vorbild der Physik die Gesellschaft einem Determinismus und »Gesetzen« unterwarf – ein Bemühen, das von Marx in seinen kurzen methodologischen Bemerkungen im Vorwort zum ersten Band des *Kapitals* unterstützt wurde. Dort schrieb Marx, er liefere keine empirische Darstellung des Kapitalismus, sondern Abstraktionen, wie sie in der Naturwissenschaft gebraucht werden, und sein Werk sei darauf gerichtet, »das ökonomische Bewegungsgesetz der modernen Gesellschaft« zu entdecken.

Wie jedoch Georges Lichtheim, einer der ersten unabhängigen Forscher auf diesem Gebiet, bemerkt hat, stand diese »wissenschaftliche« Auffassung im Gegensatz zu den Marxschen Frühschriften, in denen noch eine »praktische Theorie der Erkenntnis« vertreten wird, einer Erkenntnis, die eng mit der Entwicklung des menschlichen Bewußtseins verbunden war.[49]

Lichtheim war der (sehr viel philosophischer formulierten) Auffassung, daß die Ideen von Marx unmittelbar auf Hegel zurückgingen und daß dies für ein Verständnis seiner Schriften radikal andere Folgen hatte als ihre deterministische Auslegung durch Engels. Heute wird unter Marxisten darüber gestritten, ob Engels eine radikale Umdeutung von Marx vorgenommen oder ob Marx selbst einige seiner früheren Auffassungen aufgegeben hat.

In den letzten 20 Jahren konzentrierte sich die marxistische Philosophie auf vier Denkrichtungen; es waren die Arbeiten des ungarischen Philosophen Georg Lukács, der Frankfurter Schule

(Adorno, Horkheimer, Marcuse und später Habermas), des französischen Existentialisten Jean-Paul Sartre, der seinen frühen Schriften marxistische Ideen einverleiben wollte, und schließlich das Werk des französischen Marxisten Louis Althusser.

Lukács, der wohl einflußreichste (und unzugänglichste) marxistische Kritiker, hatte 1923 ein Buch mit dem Titel *Geschichte und Klassenbewußtsein* veröffentlicht, in dem er ohne unmittelbare Kenntnis der Marxschen Frühschriften allein auf der Basis seiner Beschäftigung mit Hegel »intuitiv« zu einem anderen als dem zu seiner Zeit vorherrschenden Marxverständnis gelangte. Lukács wurde jedoch 1923 und noch einmal 1930 schimpflicherweise gezwungen, sein Buch zu widerrufen, und als getreuer Kommunist verbot er jegliche Neuauflage. Jahrelang führte es eine unterirdische Existenz als esoterischer Text, zum Teil aufgrund seiner »gnostischen« Schlußfolgerung, daß die Intellektuellen die wahre, innere Elite der Avantgarde seien, ein Thema, das von Thomas Mann in seinem Roman *Der Zauberberg* wieder aufgegriffen wird, für dessen Figur des revolutionären Jesuiten Naphta Lukács Modell gestanden hat. Lukács verspottete den dialektischen Materialismus als simplen »umgekehrten Platonismus« ohne jede philosophische Begründung, gab jedoch gleichzeitig der Theorie des historischen Materialismus eine radikale Deutung. Für Lukács existierte keine »unabhängige« Auffassung von Wirklichkeit und Geschichte außerhalb von »Klassenstandpunkten«, und deshalb war jede Erkenntnis klassengebunden. Aber wenn das zutraf, welcher Standpunkt war dann der »wahre«? Für Lukács war es der Standpunkt des Proletariats – auch wenn dieses selbst davon nicht überzeugt war –, weil das Proletariat in der immanenten Entwicklung des Bewußtseins das einzige »menschliche Subjekt« war, das Universalität erlangen konnte, der Urgrund der Vernunft – für Lukács ein historischer Prozeß.

Die Frage, ob es eine Einbahnstraße der Geschichte gibt und

ob darüber hinaus der Stalinismus trotz seiner »Exzesse« als »historisch fortschrittlich« zu gelten hatte, beherrschte quälend die inneren Debatten der kommunistischen Intellektuellen. Wenn Moral nichts anderes als Klassenmoral war, von welchem Standpunkt aus konnte man dann die gewaltsame Kollektivierung der Landwirtschaft und die Konzentrationslager verurteilen? Woher wissen wir, in welche Richtung die Geschichte verläuft und ob »die Partei« in Gestalt ihres gegenwärtigen Führers sich auf dem Kurs befindet, den »die List der Vernunft« gebietet? Lukács selbst äußerte sich öffentlich nicht eindeutig zum Stalinismus. Obgleich er in dem kurzlebigen Kabinett von Imre Nagy während des Ungarnaufstandes 1956 einen Ministerposten innehatte und verhaftet und deportiert wurde, als die sowjetrussischen Truppen den Aufstand der kommunistischen Dissidenten niederschlugen (Nagy selbst wurde erschossen), schwankte Lukács nie in seiner Einschränkung der letztlich »fortschrittlichen« Rolle der Russischen Revolution.

Die Frankfurter Schule war zu keiner Zeit kommunistisch; Adorno sagte einmal über Lukács, er sei einer, »der hoffnungslos an seinen Ketten zerrt und sich einbildet, ihr Klirren sei der Marsch des Weltgeistes«, während Marcuse sich in seinem Buch über den Sowjetmarxismus im Hinblick auf die »historische Rolle der Russischen Revolution« weniger eindeutig äußerte.[50]

Die »Frankfurter Schule«, deren Mitglieder dem 1923 an der Universität Frankfurt gegründeten Institut für Sozialforschung angehörten, sah ihre Hauptaufgabe in der Entwicklung einer »Kritischen Theorie«. Gemeint war damit ein Angriff auf den Positivismus und die Entfaltung einer »negativen Dialektik«, d. h. die Enthüllung rückwärts gerichteter Aspekte der »bürgerlichen« Philosophie der Aufklärung, z. B. deren Betonung des Eigeninteresses und des Individualismus, ihr unkritischer Fortschrittsbegriff und insbesondere die Rolle einer »technischen Rationalität« als Grundlage einer funktionalen Effizienz. Die Kritik von Technik und Massenkultur waren zentrale Themen

Marcuses und Adornos.[51] Ihnen galt der Positivismus als eine Haltung, die die bestehende empirische Wirklichkeit zugleich als Wahrheit betrachtete.

Auf die Frage, von welcher Position aus die Kritik geübt wird, fallen die Antworten etwas unbestimmter aus. Formal war es die Idee der Vernunft, die auf unterschiedliche Weise zum Ausdruck kommt. Für Adorno war es die Idee des »Authentischen«; für Marcuse (in *Triebstruktur und Gesellschaft*) war es die Aufhebung von »zusätzlicher Unterdrückung«, so daß die libidinösen Energien für schöpferische Aufgaben freigesetzt werden; für Habermas, der in seinem Buch *Erkenntnis und Interesse* die tiefreichendste Kritik der zeitgenössischen Philosophie versucht hat, ist es die Anstrengung, eine »unverzerrte Kommunikation« zu verwirklichen. Während die Menschen für Francis Bacon in seinem *Novum Organon* durch die »Trugbilder des Stammes« oder die »Trugbilder des Marktes« und dergleichen entzweit wurden, ist es für Habermas nicht mehr die unmittelbare Ausbeutung des Arbeiters durch den Kapitalisten, die eine rationale Entwicklung der Produktivkräfte der Gesellschaft verhindert, sondern es ist das Wesen von Wissenschaft und Technik selbst:

»So werden Technik und Wissenschaft zur ersten Produktivkraft, womit die Anwendungsbedingungen für Marxens *Arbeitswerttheorie* entfallen. Es ist nicht länger sinnvoll, die Kapitalbeträge für Investitionen in Forschung und Entwicklung auf der Grundlage des Wertes der unqualifizierten (einfachen Arbeitskraft zu berechnen, wenn der wissenschaftlich-technische Fortschritt zu einer unabhängigen Mehrwertquelle geworden ist, gegenüber der die von Marx allein in Betracht gezogene Quelle des Mehrwerts: die Arbeitskraft der unmittelbaren Produzenten, immer weniger ins Gewicht fällt.«[52]

Die »Kritik« der Wissenschaft in deren unterschiedlichen positivistischen Verkleidungen wird damit zu einer der Hauptaufgaben der Philosophie. Als positives Ziel wird »Intersubjektivität« oder ein gemeinsames Verstehen zwischen den Menschen angestrebt, und erst wenn alle ideologischen und kommunikativen »Störungen« eliminiert werden, können die Menschen beginnen, ihre »erkenntnisleitenden Interessen« zu definieren, die ihnen eine unverstellte Einsicht in ihre wirklichen Bedürfnisse ermöglichen.

Auch in Sartres *Kritik der dialektischen Vernunft* ist das Problem des »Standpunkts« entscheidend. Auch er bekräftigte das Hegelsche Prinzip, daß die Geschichte die Wahrheit des Menschen entfalte, und verwirft die »Abbildtheorie der Erkenntnis« von Engels – und von Lenin, der diese in seiner Arbeit *Materialismus und Empiriokritizismus* ebenfalls vertritt. Die erste Beschränkung des Marxismus liegt nach Sartre in dessen Unvermögen, eine Theorie der »Vermittlung« anzubieten, die angibt, wie man sich von abstrakten Begriffen der Natur und der Geschichte zum konkreten Leben einzelner Individuen und zur Besonderheit von Ereignissen bewegt – Themen, die für den Existentialismus an erster Stelle stehen. Sartre zufolge ist der Marxismus gescheitert, weil er die menschlichen Individuen einem vorgefertigten Schema unterwirft. Die zweite Schranke ist der dialektische Materialismus, der den historischen Prozeß in der Natur verankert, während für Sartre vom ontologischen Standpunkt aus allein die dialektische Bewegung des Menschen zur Freiheit entscheidend ist. Für Sartre wird die Freiheit vom Mangel verhindert, der die Menschen dazu zwingt, einander als Instrumente oder Dinge oder als »andere« zu behandeln, ein Thema, das sich bis zu Hobbes zurückverfolgen läßt. Die Dialektik der Geschichte besteht in *alterité* (Andersheit) und *aliénation* (Entfremdung), wie sie durch den Mangel hervorgebracht werden. Da sie die Menschen voneinander scheiden, ist es der Standpunkt des Urteils, der Emanzipation, welcher »Ganzheit« oder die Ensembles der Totalität in menschlichen Beziehungen erschafft.

Fast die gesamte neomarxistische Philosophie widmete einen wesentlichen Teil ihrer Arbeit der Rückbesinnung auf die Philosophie Hegels und dem ihr innewohnenden Historismus. Dieser wirft jedoch drei Probleme auf: er begreift die Welt in dualistischen Kategorien, zum Beispiel Subjekt und Objekt, Geist und Materie, Natur und Geschichte und dergleichen; er unterstellt einen immanenten Prozeß der Entfaltung, in dessen Verlauf sich diese Gegensätze auf höheren Ebenen »auflösen«; und er behauptet zwangsläufig, daß der Mensch keine Natur, sondern lediglich eine Geschichte habe. Wenn dies jedoch zutrifft, welcher Faden des Verstehens verbindet dann die Vergangenheit mit der Gegenwart? Einfach ausgedrückt, wenn die menschliche Natur heute aufgrund eines erweiterten Bewußtseins und größerer technischer Möglichkeiten völlig verschieden ist von der Natur der alten Griechen, wie verstehen »wir« dann einander? Für Hegel wie für Marx repräsentiert die Kunst der griechischen Antike die »Kindheit« der menschlichen Gattung.

In seinen Frühschriften hatte Marx versucht, die Philosophie durch die revolutionäre Verbindung von Theorie und Praxis zu *überwinden* (z. B. in den »Thesen über Feuerbach«), während der »späte« Marx und auch Engels diesen Dualismus verwarfen und ihr Vertrauen in die Wissenschaft setzten – obgleich Marx, wie Lichtheim bemerkt, »es Engels überließ, den Kreis zu schließen und eine materialistische Ontologie zu entwerfen, die die Dialektik wieder in die Natur hineinliest.«[53]

Louis Althusser, der französische kommunistische Philosoph, hat wiederum das hegelianische und historische Marxverständnis abgelehnt und statt dessen versucht, der »wissenschaftlichen« Methode zu ihrem Recht zu verhelfen, die Marx nach seiner Überzeugung im ersten Band des *Kapitals* geschaffen hatte. Für Althusser zeigen die Frühschriften einen »humanistischen« Marx, der sich in den Problemen der Subjektivität verstrickt hat. Althusser zufolge ist das herausragende Verdienst von Marx die Betonung der Struktur von Beziehungen (die »Darstellung«) als unabhängiger Untersuchungsgegenstand innerhalb einer Produktionsweise. Modern ausgedrückt setzt Althusser an die Stelle eines hegelianischen ein strukturalistisches Marxverständnis. Auf diesen Punkt werde ich im nächsten Abschnitt über den Strukturalismus zurückkommen.

Die Marxsche Gesellschaftstheorie enthält drei Elemente. Das erste, das sich bereits in den philosophischen Frühschriften findet, ist die Idee eines Sozialismus als Vollendung der Aufklärung, als die Überwindung aller Gegensätze (in der Philosophie: Subjekt und Objekt, Geist und Materie; in der gesellschaftlichen Welt: geistige und körperliche Arbeit, Stadt und Land) und die »Verwirklichung« der Geschichte in der Universalisierung der menschlichen Gesellschaft. Wie Marx in seinen Beiträgen *Zur Judenfrage* anmerkte, hatte die bürgerliche Gesellschaft mit der Freiheit des Eigentums und der Religionsfreiheit die politische Emanzipation zuwege gebracht, während der Sozialismus die menschliche Emanzipation oder die Freiheit *von* Eigentum und Religion bedeutete. Der Herrschaft des Menschen über die Natur würde die Herrschaft über sein eigenes Schicksal entsprechen.

Das zweite Element des klassischen Marxismus, das erstmals im *Elend der Philosphie* auftritt und den gesamten ersten Band des *Kapitals* durchzieht, ist eine Strukturanalyse des Kapitalismus als eines zusammenhängenden Systems der Warenproduktion, das aufgrund des Wettbewerbs und der sich verändernden organischen Zusammensetzung des Kapitals (d. h. wegen des abnehmenden Anteils der lebendigen Arbeit an der Produktion) eine Reihe von Krisen durchlaufen und schließlich wegen des gesellschaftlichen Charakters der Produktion einem sozialistischen System weichen muß.[55]

Das dritte Element, das in besonders mechanistischer Weise von Engels formuliert wurde, ist eine allgemeine Theorie der Gesellschaft, in der die gesamte Gesellschaftsstruktur mit den Begriffen »Basis« und »Überbau« gefaßt wird, die Produktionsweise alle anderen gesellschaftlichen Verhältnisse determiniert und die Klassen innerhalb einer bestimmten Produktionsweise (auch im historischen Rückblick) die Träger antagonistischer gesellschaftlicher Interessen sind, die sich im Kapitalismus auf den Grundwiderspruch zwischen Lohnarbeit und Kapital reduzieren.

Das erste dieser drei Elemente leitete sich aus einer evolutionären Vorstellung Hegels ab, der in einer zunehmenden Vernunft und einer Erweiterung des menschlichen Selbstbewußtseins die Haupttriebkräfte der Geschichte gesehen hatte. Während die aus dieser Idee abgeleiteten normativen Prinzipien des Sozialismus als Utopie Bestand haben mögen, sind sie als Geschichtsphilosophie offenkundig unhaltbar.

Das zweite Element hat zweifellos seine beachtliche analytische Stärke im Hinblick auf den Kapitalismus zwischen 1750 und 1950 bewiesen, doch ist fraglich, ob diese Analyse in ihrer modernen Formulierung auch noch für die nachindustriellen Gesellschaften der zweiten Hälfte unseres Jahrhunderts mit ihren staatlichen Eingriffen in die Wirtschaft gilt. Zwar ist durchaus möglich, daß der Kapitalismus als sozioökonomisches System untergeht, aber bislang muß offenbleiben, ob aus den von Marx vermuteten oder aus anderen Gründen, wie sie etwa von Schumpeter angenommen werden.[56]

Was die »allgemeine Theorie der Gesellschaft« anlangt, so wurden die auf Engels zurückgehenden mechanistischen und positivistischen Formulierungen immer mehr aufgegeben; man hat eingesehen, daß es wenig sinnvoll ist, vorkapitalistische und eindeutig außerwestliche Gesellschaften als Klassengesellschaften zu begreifen; und die ungeschickten Versuche, Produktionsweise durch Einbeziehung von »Gesellschaftsformationen« neu zu definieren, bezeugen allesamt die Auflösung dessen, was einmal eine geradlinig deterministische Gesellschaftstheorie gewesen war.

Der wohl augenfälligste Mangel der marxistischen Theorie war ihr Unvermögen, die Entstehung »marxistischer« Gesellschaften zu erklären. Mit welchen marxistischen Kategorien lassen sich die tiefgreifenden Spannungen zwischen der Sowjetunion und China oder der ebenso plötzliche wie heftige Ausbruch von Feindseligkeiten zwischen Vietnam und Kambodscha erklären? Wenn man die Sowjetunion als Beispiel für eine sozialistische Gesellschaft betrachtet, die nunmehr seit über sechzig Jahren existiert, wie soll man die neue Klassenstruktur dieser Gesellschaft, das Entstehen neuer und privilegierter Schichten erklären? Milovan Djilas, lange Zeit einer der führenden jugoslawischen Kommunisten, veröffentlichte 1957 das Buch *Die neue Klasse*, in dem er behauptete, daß die Bürokratie in der Sowjetunion die Grundlage eines neuen Klassensystems geworden sei;[57] der Marxismus selbst hat zu keiner Zeit eine befriedigende Theorie der Bürokratie entwickelt. Lenin hatte behauptet, im sozialistischen Staat würden die Verwaltungsaufgaben so sehr vereinfacht, daß jeder in der Staatsverwaltung tätig werden könne.[58] Zur selben Zeit schrieb Max Weber mit größerem Weitblick, der Sozialismus werde noch bürokratischer als der Kapitalismus werden, weil er vor allem ein größeres Maß an Planung erfordere.[59] In jüngster Zeit haben zwei ungarische Soziologen, György Konrád und Iván Szelényi, ein Buch veröffentlicht, in dem sie aufgrund ihrer eigenen Erfahrungen die These aufstellen, daß die Intelligentsia zwar eine neue Klasse geworden sei, aber zwangsläufig mit den Parteifunktionären in Konflikt gerate.[60] Von der Sowjetunion über Jugoslawien bis Kuba – keine der zahlreichen Untersuchungen kommunistischer Gesellschaften behandelt das Problem der *Wiederkehr* der Ungleichheit nach der Revolution und ihrer Institutionalisierung in einem neuen System von Privilegien. Ein simpler Erklärungsansatz greift auf die funktionalistische Theorie zurück und behauptet beispielsweise, die »Zeit« eines Managers sei mehr wert als die eines Arbeiters, da er eine größere Verantwortung für die Koordinierung des Betriebsablaufs trage und deshalb gewisser Privilegien (z. B. ein Automobil mit Chauffeur) bedürfe. Damit läßt sich vielleicht die Ungleichheit *funktionaler Positionen* erklären, aber nicht unbedingt, warum die Vorteile der in solchen Stellungen befindlichen Personen auch deren Kindern gewährt werden. Eine überzeugendere Erklärung lautet, daß in »sozialistischen« Gesellschaften zwar das Privateigentum keine Privilegien mehr verbürge, wegen der hohen Technisierung dieser Gesellschaften jedoch bestimmte Fähigkeiten oder das »geistige« oder »Bildungskapital« zur Hauptquelle gesellschaftlicher Differenzierung werden; die damit verbundenen Vorteile werden natürlich nicht an alle Kinder gleichmäßig weitergegeben. Wie Bakunin und Machakski schon früh erkannten, gibt es tatsächlich eine »funktionale« Begründung dafür, warum unter den Bedingungen des Sozialismus zwangsläufig die Intelligenzija die privilegierte Klasse ist; dies verleiht wiederum einer aphoristischen Bemerkung von Alvin Gouldner zusätzliches Gewicht: »Der Marxismus ist das falsche Bewußtsein einer radikalisierten Kulturbourgeoisie.«[61]

Zwar läßt sich über eine so vielgestaltige und wandelbare Theorie wie den Marxismus kaum etwas Endgültiges sagen, aber vielleicht lohnt ein Blick in das dreibändige Werk *Hauptströmungen des Marxismus* von Leszek Kolakowski.[62] Der Autor war Ende der 50er Jahre der brillanteste marxistische Theoretiker Polens, einer der Organisatoren der Zeitschrift *Po Prostu*, die den Posener Aufstand 1956 mit inspirierte, und bis zu seiner Amtsenthebung 1968 Professor für Philosophiegeschichte an der Universität Warschau. Seitdem ist er hauptsächlich als Fellow am All Souls College in Oxford tätig. Das zitierte dreibändige Werk ist ein größerer synoptischer Versuch, den Marxismus als die Geschichte einer Doktrin abzuhandeln. Im ersten Band geht es um die »Gründer«, im zweiten um das »Goldene Zeitalter« der ersten Exegetengeneration und im dritten um den »Verfall«; in diesem letzten Band werden der Stalinismus und die bedeutenden neomarxistischen Philosophen wie Lukács, Gramsci, Marcuse und andere behandelt. Es gibt keine einheitliche Fragestellung, die dieses voluminöse Werk von 1500 Seiten detaillierter Darstellung und philosophischer Erläuterungen strukturieren würde; es handelt sich vielmehr um den geduldigen Versuch, die Vielfalt einander widersprechender Formulierungen und Urteile auszubreiten. Dennoch gestattet sich Kolakowski, der 25 Jahre zuvor als einer der glänzendsten marxistischen Theoretiker seiner Generation gerühmt worden war, im Epilog einige persönliche Betrachtungen. Er schreibt:

»Der Marxismus war die größte Phantasie unseres Jahrhunderts. Er war der Traum von einer vollkommen geeinten Gesellschaft, in der sich alle menschlichen Bestrebungen erfüllen und alle Werte miteinander versöhnt sind...

Die Äußerung, daß der Marxismus eine Phantasie war, bedeutet nicht, daß er ausschließlich Phantasie war. Man muß unterscheiden zwischen dem Marxismus als einer Interpretation der vergangenen Geschichte und dem Marxismus als einer politischen Ideologie. Kein vernünftiger Mensch wird bestreiten, daß der sogenannte historische Materialismus ein wesentlicher Beitrag zu unserer Geistesgeschichte war und unsere Überlegungen zur vergangenen Geschichte beträchtlich erweitert hat. Es wurde gesagt, daß diese Theorie, sofern man sie streng nimmt, Unsinn ist, sofern man sie aber weniger streng nimmt, eine Banalität ist, daß sie aber vor allem durch Marx selbst zu einer Banalität wurde. Mehr noch: Wenn der Marxismus zu einem besseren Verständnis der kulturellen Erscheinungen und der Ökonomie vergangener Epochen beigetragen hat, dann hängt das sicher auch mit der Tatsache zusammen, daß Marx selbst die Theorie des historischen Materialismus zuweilen in extremen, dogmatischen und unannehmbaren Formulierungen vorgetragen hat; hätte er sie mit allen möglichen Vorbehalten und Einschränkungen versehen, die man von einem rationalen Denker normalerweise erwartet, dann hätte sie diese Rolle sicher nicht gespielt und wäre vielleicht achtlos übergangen worden; was an ihr absurd war, wurde zum wirkungsvollen Vehikel ihrer rationalen Inhalte – wie es bei humanistischen Theorien zuweilen vorkommt...

Als ein ›System‹ von Erklärungen ist er tot; auch enthält er keine ›Methode‹, die sich für die Interpretation des heutigen Lebens, für Prognosen der Zukunft oder für utopische Projekte erfolgreich anwenden ließe. Die quantitativ überaus ansehnliche marxistische Literatur der Gegenwart wirkt auf deprimierende Weise steril und kraftlos (wenn man von historischen Beiträgen absieht)...

Der weitgehende Einfluß, den sich der Marxismus erwarb, ist nicht nur kein Ergebnis (oder Beweis) seines wissenschaftlichen Werts, sondern er beruht im Gegenteil fast ausschließlich auf seinen prophetischen, phantastischen und irrationalen Aspekten. Der Marxismus lehrt blinde Zuversicht auf eine herrliche Welt allumfassender Befriedigung, die gleich hinter der Ecke auf die Menschheit wartet. Fast alle Prophezeiungen sowohl Marxens als auch späterer Marxisten haben sich als falsch erwiesen; die seelische Gewißheit, wie sie Gläubigen gebührt, wird davon jedoch genausowenig berührt wie bei allen Erwartungen, die wir von den chiliastischen religiösen Bewegungen kennen; diese Gewißheit stützt sich nämlich nicht auf irgendwelche empirische Voraussetzungen, auf angebliche ›historische Gesetze‹, sondern ausschließlich auf das psychologische Bedürfnis nach Gewißheit. Insofern erfüllt der Marxismus tatsächlich religiöse Funktionen, und seine Wirkung hat einen religiösen Charakter; allerdings handelt es sich dabei um die Karikatur einer Religion, der zudem ein falscher Glaube zugrunde liegt, weil sie – was religiöse Mythologien nicht tun – ihre diesseitige Eschatologie als eine wissenschaftliche Errungenschaft darzustellen versucht...«[63]

Strukturalismus

In einer 1970 veröffentlichten UNESCO-Studie, die den Erkenntnisstand in den »Gesellschafts- und Humanwissenschaften« zusammenfassen sollte, schreibt der bekannte Schweizer Psychologe Jean Piaget:

»Eine der allgemeinsten Strömungen der bahnbrechenden Bewegungen in sämtlichen Humanwissenschaften ist der Strukturalismus, der sowohl an die Stelle eines atomistischen Erklärungsansatzes als auch eines ›holistischen‹ Modells (von entstehenden Ganzheiten) tritt.«[64]

Was damals vielleicht noch eine Pionierbewegung war, ist mittlerweile zu einem breiten Strom geworden. Der Strukturalismus hat heute anscheinend jeden Bereich literatur- und sozialwissenschaftlicher Forschung erfaßt und ein enormes Schrifttum hervorgebracht, unter dessen Autoren Jean Piaget in der Psychologie, Claude Lévi-Strauss in der Anthropologie, Jacques Lacan in der Psychoanalyse, Louis Althusser auf dem Gebiet des Marxismus, Michel Foucault in der Erkenntnistheorie und der Ideengeschichte und Jacques Derrida und Roland Barthes in der Literaturwissenschaft besonders herausragen. Sie alle bauen auf den Arbeiten von Ferdinand de Saussure und Roman Jakobson und der mit ihren Namen verbundenen Revolution in der Sprachwissenschaft auf, einer Revolution, deren Auffassungen von der Natur der Sprache und ihrem Zeichensystem fast allen Arbeiten in den verschiedenen als strukturalistisch bezeichneten Disziplinen zugrundeliegen. Dennoch besteht weder unter diesen Autoren noch unter den populärwissenschaftlichen Interpreten Einigkeit darüber, was Strukturalismus eigentlich *ist*. So schreibt z. B. Roland Barthes:

»Er ist keine Schule, nicht einmal eine Bewegung ..., denn die Mehrzahl der Autoren, die gemeinhin mit diesem Wort in Zusammenhang gebracht werden, fühlt sich keineswegs durch eine Solidarität der Doktrin oder des Kampfes verbunden. Er ist kaum eine Terminologie: *Struktur*, ein alter Begriff aus der Anatomie und der Linguistik, ist heute schon sehr abgegriffen.«[65]

Andererseits weigert sich ein Autor wie Howard Gardner, der ein höchst erhellendes Buch über den Strukturalismus geschrieben hat, überhaupt eine Definition zu versuchen:

»Tatsächlich ist es meiner Meinung nach gar nicht möglich, die Bewegung mit einiger Genauigkeit zu definieren, sowenig es möglich ist, ein Forschungsgebiet wie die Sozialpsychologie oder die Verhaltensgenetik exakt zu umreißen. Andere Autoren neigen dazu, den Begriff ›Strukturalismus‹ entweder auf ein hoffnungslos unbestimmtes Gebiet der literarischen Analyse anzuwenden, auf alle gegenwärtigen französischen Denkrichtungen, die nicht explizit existentialistisch sind, oder aber auf die Arbeiten sämtlicher Gelehrten und Kritiker, die sich selbst als Strukturalisten bezeichnen. Zweifellos muß jeder derartige Versuch unbefriedigend bleiben. Hinzu kommt noch die Verwirrung, die dadurch entsteht, daß es keine zwei Strukturalisten gibt, nicht einmal Lévi-Strauss und Piaget, die ›Struktur‹ in derselben Weise definieren, und man fragt sich, warum der Begriff nicht öffentlich verpönt oder von der ›Neusprache‹ in Beschlag genommen worden ist.«[66]

Vielleicht hatte Gardner eine Vorahnung, denn bei näherer Betrachtung einer modischen Anthologie mit dem Titel *The Structuralists from Marx to Lévi-Strauss* gewinnt man durchaus den Eindruck, daß George Orwells »Neusprache« sich auch hier in kurzer Zeit durchgesetzt hat. Die Herausgeber Richard T.

und Fernande M. De George schreiben zu Beginn ihrer Einleitung:

»Man hat den Strukturalismus als eine Methode, eine Bewegung, eine intellektuelle Mode und als eine Ideologie beschrieben. Jede dieser Kennzeichnungen enthält etwas Wahres. Denn der Strukturalismus ist ein nach vielen Richtungen offenes, amorphes und facettenreiches Phänomen ohne klare Grenzlinien, ohne eine fest verbundene Gruppe von Wissenschaftlern als Avantgarde, ohne einen Kanon an Lehrsätzen, die von allen vertreten würden, die man normalerweise mit dieser Richtung in Verbindung bringt. Er erstreckt sich über zahlreiche Disziplinen – Linguistik, Anthropologie, Literaturkritik, Psychologie und Philosophie. Einigen gibt er die Hoffnung, einen gemeinsamen, grundlegenden Zugang zu den Sozialwissenschaften, zur Literatur und Kunst zu entdecken oder zu entwickeln, der diese vereinheitlichen und auf eine wissenschaftliche Basis stellen könnte, so wie die ›wissenschaftliche Methode‹ das einheitliche Fundament für die Naturwissenschaften liefert.«[67]

Nach diesen Ausführungen lokalisieren die Herausgeber die Anfänge des Strukturalismus im 19. Jahrhundert, im Denken von Marx, Freud und de Saussure:

»Was Marx, Freud und de Saussure gemeinsam haben und was sie mit den Strukturalisten von heute verbindet, ist die Überzeugung, daß Oberflächenereignisse und -erscheinungen mit Strukturen, Daten und Phänomen erklärt werden müssen, die unterhalb der Oberfläche liegen. Alles Explizite und Offensichtliche muß durch das Implizite und Verdeckte erklärt werden und wird durch dieses in einem bestimmten Sinn determiniert. Der Versuch, Tiefenstrukturen, unbewußte Motive und verborgene Ursachen aufzudecken, mit denen sich menschliches Handeln auf einer fundamentaleren und tiefer greifenden Ebene erklären läßt als mit bewußten individuellen Entscheidungen, Ursachen, die diese Entscheidungen formen, beeinflussen und strukturieren, dieser Versuch ist das gemeinsame Bindeglied zwischen Marx, Freud, de Saussure und den modernen Strukturalisten.«[68]

Leider lösen diese Ausführungen jede bestimmte Bedeutung von Strukturalismus auf, denn die Idee einer grundlegenden Struktur – das Problem der Unterscheidung zwischen äußerer Erscheinung und innerer Wirklichkeit – prägt die gesamte westliche Philosophiegeschichte, insbesondere die Gnostik und Mystik. Bereits die Vorsokratiker, von Thales angefangen, suchten nach einem Wesen, das den vielfältigen Elementen zugrundelag, die als Luft, Erde, Wasser oder Feuer in Erscheinung traten; mit ihnen verbanden sie die Eigenschaften naß und trocken, warm und kalt, so daß die Kategorisierung der Elemente nach ihren Eigenschaften (Feuer galt z. B. als warm und trocken) den Unterbau der physikalischen Welt lieferte. Plato unterschied zwischen dem (sinnlich) Sichtbaren und dem (begrifflich) Erkennbaren und verstand Erkenntnis als Bewegung vom einen zum anderen. Aristoteles sah als inneres Formprinzip eines jeden Gegenstandes seine »Entelechie«, die bewirkte, daß er der Verwirklichung dieser Form entgegenstrebte; dieses biologische Thema wurde sehr viel später von Hegel und Marx in der Idee der »Notwendigkeit« neuformuliert, mit der die Geschichte sich verwirklicht. Für Kant organisierten die reinen Formen der Anschauung – grundlegend Raum und Zeit, die nur dem Subjekt zukommen – den Strom des Wahrgenommenen erst zu einer Einheit der Erkenntnis.

Das Eigentümliche des Strukturalismus erschließt sich am ehesten, wenn man ihn als eine Bewegung mit einem bestimmten *erkenntnistheoretischen* Programm versteht, unabhängig von dessen verschiedenen Anwendungsgebieten. An diesem Programm lassen sich sechs wichtige Aspekte feststellen.

1. *Die Suche nach invarianten Beziehungen nach dem Vorbild der Naturwissenschaften.* Den Ausgangspunkt bilden hier die Arbeiten Galileo Galileis. In einer Wendung gegen den »Essentialismus«

des Aristoteles, der die einzelnen Erscheinungen nach ihren Eigenschaften unterschied und sie als *Typen* klassifizierte, führte Galilei den Begriff des Feldes ein. Insbesondere untersuchte er keine »konkreten« Objekte, sondern deren abstrakte Eigenschaften, keine fallenden Körper, sondern deren Attribute wie Masse, Weg, Geschwindigkeit und dergleichen und war bestrebt, die quantitativen Beziehungen zwischen diesen Eigenschaften zu entdecken, denen jeder beliebige Körper unterworfen war. Der Strukturalismus macht keinen Unterschied zwischen Natur- und Humanwissenschaften und hofft, wie wir noch sehen werden, bei physikalischen wie psychologischen Phänomenen gleichartige Strukturen aufzufinden.

2. *Im Gegensatz zum Historismus oder einer »diachronischen« Analyse* lehnt es der Strukturalismus ab, einen Gegenstand durch seine Genese zu verstehen. Eine Spielart des Strukturalismus sieht »Geschichte« als zufällig und veränderlich und deshalb ohne erkennbares Muster, während einer anderen Richtung Geschichte – etwa in der Deutung durch Hegel – als zu deterministisch erscheint. (Für Hegel hatte nur der Westen eine Geschichte, weil allein er eine Entwicklung zur Rationalität durchgemacht hatte und nicht an die Natur gebunden war; alle anderen Gesellschaftsformen bedeuteten dem gegenüber einen »Stillstand«.) Der Strukturalismus verwirft die Auffassung, das Wesen eines Phänomens müsse aus seinem geschichtlichen Kontext heraus verstanden werden.

3. *Gegen das Subjekt.* Die klassische Philosophie hatte noch keine Vorstellung von einer Theorie des »erkennenden Subjekts«, eines Individuums als Instanz der Erkenntnis. Plato bestritt sogar die Denkmöglichkeit einer solchen Instanz. Erkenntnis beruhte auf den »Prädikaten«, den idealen Formen, unter die die besonderen Gegenstände subsumiert wurden. Bei Descartes finden wir statt des Problems des »Objekts« das des »Subjekts«

der Erkenntnis, einen Dualismus von Körper und Geist und einen impliziten Relativismus, bei dem der Standort des Erkennenden zum Ausgangspunkt der Untersuchung gemacht wird. Hand in Hand mit der Subjektivität geht der radikale Humanismus, wie beim Existentialismus, bei dem die einzelne Person, ihr freier Wille und ihre Verantwortung zur Quelle ihrer subjektiven Wahrheit werden.

Der Strukturalismus ersetzt das menschliche Subjekt – das Individuum oder das denkende Bewußtsein, das Transzendental-Ich – als Untersuchungsgegenstand durch die *Beziehung* zwischen den Individuen, durch die Produkte und Objekte ihrer Interaktionen und durch die linguistischen Kodes und unveränderlichen Strukturen als eigentliches Objekt der Erkenntnis. Man könnte es auch so ausdrücken, daß hier der Kode über das Kodifizierte (den Inhalt), das Synchronische über das Diachronische, das Modell über die mannigfaltigen Faktoren erhoben wird.

4. *Die Ineinssetzung der linguistischen Struktur als Verkörperung der Denkweisen und der daraus abgeleiteten Bezugsregeln mit sämtlichen übrigen Weisen kultureller oder sozialer Beziehungen.* Fast alle Strukturalisten teilen die Überzeugung, die auf de Saussure zurückgeht, daß Sprache ein geordnetes System von Zeichen ist, mit eigenen Regeln und Eigenschaften, die sich ohne Bezug auf historische oder außersprachliche Faktoren formulieren lassen, den Regeln des Schachs vergleichbar, die das System dieses Spiels beherrschen. Auf dieser Grundlage erhebt Lévi-Strauss die Forderung, alle kulturellen Phänomene als Zeichen zu behandeln. Für ihn läßt sich Gesellschaft als »Ensemble« von drei verschiedenen Kommunikationsformen interpretieren – dem Tausch von Botschaften, dem Tausch von Waren (Güter und Dienstleistungen) und dem Tausch von Frauen (Heirats- und Verwandtschaftsregeln) –, die trotz ihrer Eigenständigkeit ein gemeinsames strukturales Feld bilden. Nach dieser Auffassung

werden Sozialanthropologie, Ökonomie und Linguistik gleichermaßen unter die Rubrik »Semiotik« eingeordnet.

5. *Das Argument (das hauptsächlich von Lévi-Strauss und Piaget und in einem anderen Kontext von Chomsky vertreten wird), daß die Tiefenstruktur des Denkens rational ist.* Für die Geistesgeschichte ergeben sich daraus zwei radikale Konsequenzen. Erstens wird die Unterscheidung zwischen dem Wilden und dem Modernen als zwei verschiedenen Modalitäten des Denkens, von denen die eine magisch und die andere wissenschaftlich bestimmt sei, aufgegeben; in der älteren Fassung von Lévy-Bruhl ist es die Unterscheidung zwischen prälogischem und logischem Denken. Für Lévi-Strauss ist das wilde Denken nicht weniger logisch als das moderne, allerdings auf seine eigene Weise. So erklärte er z. B. in seiner Untersuchung über den Totemismus[69] den Totem eines Clans nicht als magisches oder animistisches Symbol für ein abstraktes Tabu, sondern als ein Mittel zur Durchsetzung von Heiratsregeln, da das Totem die Funktion hatte, die Clanzugehörigkeit des einzelnen kenntlich zu machen und Endogamie- und Exogamieregeln, d. h. das Inzesttabu durchzusetzen.

Die zweite Konsequenz ist eine Paradoxie im Hinblick auf die Urväter des Strukturalismus aus dem 19. Jahrhundert. In den letzten hundert Jahren hat eine zutiefst überzeugende Vorstellung fast jedes Lehrgebäude in den Sozialwissenschaften durchdrungen. Es handelt sich um die Idee, daß sich unter der Oberflächenerscheinung einer rationalen Welt eine Grundstruktur des Irrationalen verbirgt. Für Marx lag hinter dem formal freien Warentausch, der das rationale Eigeninteresse der Tauschpartner zum Ausdruck bringt, die Anarchie des Marktes und die Reduzierung von Menschen auf Dinge. Für Freud lag unter dem Firnis der Zivilisation (dem gesellschaftlichen Über-Ich) das ungebärdige, aggressive Ich. Pareto sah hinter dem logischen System des Denkens die Residuen des Gefühls. Für Max Weber lag unter der rationalen Abwägung von Mitteln für bestimmte Zwecke eine funktionalisierte Welt, in der die Mittel selbst zum Zweck wurden. Es war diese Konvergenz und letztlich sogar Übereinstimmung, die diese Auffassung von der menschlichen Natur und dem gebrechlichen Wesen aller Gesellschaft so überzeugend gemacht hat.

Jetzt aber sehen Forscher wie Lévi-Strauss, Piaget und Chomsky jenseits der Unordnung und Unbeständigkeit der Welt, hinter der Mannigfaltigkeit von Kulturen und der Vielzahl verschiedener Sprachen eine Grundstruktur der Rationalität und Ordnung. Die allen gemeinsame Quelle besteht im Wesen der Sprache und den Eigenschaften des Denkens. Für Chomsky verfügt das Denken über die angeborene Fähigkeit zur Generalisierung von Regeln, während die Sprache selbst, Grammatik und Syntax, bestimmte, in Tiefenstrukturen eingelagerte Eigenschaften besitzt, die vom Denken intuitiv erfaßt und verallgemeinert werden können. Was Kultur ausmacht, ist nach Lévi-Strauss die Fähigkeit des menschlichen Denkens, notwendige, logische Unterscheidungen zu treffen; unter der Vielfalt an sozialen Beziehungen liegt eine begrenzte Anzahl von Querverbindungen, und ungeachtet der vielfältigen Kulturen gibt es nur eine relativ geringe Zahl unveränderlicher Formen, die sich mit Hilfe von Transformationsregeln entschlüsseln und erkennen lassen.

Wenn das zuträfe, wären wir in einer wesentlichen Hinsicht wieder zu Kant zurückgekehrt. Für Kant war Erfahrung die Auferlegung einer logischen Ordnung auf eine tatsächliche Unordnung. Für ihn ist eine Erkenntnis der »Dinge an sich« niemals möglich; der menschliche Verstand trägt an das Material der sinnlichen Wahrnehmung bestimmte angeborene Kategorien heran, die seine Erkenntnis strukturieren.

6. *Die Tendenz zum Formalismus.* In der Anthropologie hatte Radcliffe-Brown behauptet, daß Strukturen zur Kategorie der Tatsachen gehören und sich aus der Beobachtung einzelner Ge-

sellschaften ableiten lassen. Danach konnte sich die Anthropologie als Naturwissenschaft verstehen, die auf einer induktiven Erfahrung aufbaut. Für Lévi-Strauss ist dieser Ansatz jedoch zum Scheitern verurteilt, weil er die Vielfalt der Ordnung nicht darstellen oder auf einen praktikablen Umfang reduzieren kann. Für Lévi-Strauss hat Sozialstruktur nichts mit empirischer Wirklichkeit zu tun, sondern allein mit den nach dieser entworfenen Modellen. In einer Diskussion der Möglichkeiten der anthropologischen Methode schreibt Lévi-Strauss: »Schließlich hätten wir nichts anderes geleistet, als eine Sprache zu erarbeiten, deren einziges Verdienst darin bestände, kohärent zu sein wie jede Sprache und anhand einer kleinen Zahl von Regeln Phänomenen Rechnung zu tragen, die man bisher für ganz andere hielt. In Ermangelung einer unerreichbaren Faktenwahrheit wären wir zu einer Verstandeswahrheit gelangt.«[70] Strukturalistisches Denken besteht in Wirklichkeit nicht darin, einen sich wiederholenden Inhalt in einer Vielzahl literarischer Formen zu erkennen, sondern »invariante Formen in verschiedenen Kontexten wahrzunehmen.« In einem Aufsatz über den slawischen Sprachwissenschaftler Vladimir Propp bestreitet er den Vorwurf des Formalismus:

»Anders als der Formalismus weigert sich der Strukturalismus, das Konkrete dem Abstrakten gegenüberzustellen ... Die *Form* definiert sich im Gegensatz zu einer Materie, die ihr fremd ist, aber die *Struktur* hat keinen von ihr unterschiedenen Inhalt: sie ist der Inhalt selbst, erfaßt in einer logischen Organisation, die als eine Errungenschaft des Realen gilt.«[71]

Doch geht dies an der eigentlichen Fragestellung vorbei, denn Lévi-Strauss besteht darauf, daß eine Mythe niemals richtig aufgrund ihres *manifesten* Inhalts verstanden werden kann, sondern nur mithilfe der vom Forscher *unterstellten* Beziehungen oder Homologien.

In dieser Hinsicht folgt Lévi-Strauss der Logik von Roman Jakobson und dessen Mitarbeitern der sogenannten Prager Schule, die die Grundbausteine der Sprache in den Lauteinheiten (Phonemen) aufsuchten und behaupteten, zur Erzeugung eines beliebigen Lautes sei lediglich eine geringe Anzahl unterschiedlicher Merkmale erforderlich, mit denen die Laute sämtlicher auf der Erde vorkommenden Sprachen erschöpfend erklärt werden können. In seiner Untersuchung über die Formen der Verwandtschaft, für die Anthropologie die fundamentale Einheit jeder gesellschaftlichen Organisation, reduzierte Lévi-Strauss die große Zahl der verschiedensten Systeme und komplexen Regeln auf drei Strukturen und zwei Formen des Tauschs, die jeweils von einem einzigen Merkmal abhängen, dem harmonischen oder disharmonischen Charakter der vorgegebenen Herrschaftsinstitution. Sämtliche Prinzipien von Verwandtschaft wurden auf diese Weise auf Beziehungen zwischen Wohnsitzregeln und Herkunftregeln zurückgeführt.

Hier (und später erweitert in seiner Untersuchung über den Mythos) stellt Lévi-Strauss die grundlegende Behauptung auf, daß der Inhalt jeder Beziehung stets etwas Eigenes ist und daß es letztlich nur auf deren Struktur ankommt. Sind diese Strukturen einmal erkannt, verfügt die Anthropologie über die Möglichkeit, die Transformationsregeln aufzusuchen, mit deren Hilfe sie die begrenzte Anzahl von Formen auffinden kann, denen sich die Beziehungen zuordnen lassen.

Es wäre nicht nur ermüdend, sondern würde auch den Rahmen dieses Buchs sprengen, hier näher auf die Arbeiten eines so fruchtbaren Autors wie Piaget einzugehen, der über 50 Bücher und Hunderte von Artikeln geschrieben oder mitverfaßt hat, oder auf das Werk von Lévi-Strauss, dessen vierbändige *Mythologica* allein schon etliche Hunderte Mythen behandeln; dasselbe gilt für Lacan, dessen Begabung für Neologismen sogar die Grenzen der französischen Sprache sprengt, oder für Louis Althusser, den Marxisten, der die Frühschriften von Marx als hegelianisch verworfen hat und an seiner Behauptung festhält, der

Marxismus sei die Wissenschaft einer strukturalistischen Lesart des ersten Bandes des *Kapitals.* Noch viel weniger ist es mir möglich, auf die sprachwissenschaftlichen Quellen ihrer Arbeiten einzugehen oder auf die Autoren, die die Grundgedanken der Semiologie in alle anderen Disziplinen weiterverbreitet haben.

Nicht der spezifische Inhalt dieser Arbeiten ist von Bedeutung, sondern der Anspruch und die Reichweite des Strukturalismus, der nicht weniger anstrebt, als den »Traum der Vernunft« zu verwirklichen und eine allgemeine Theorie des menschlichen Denkens zu entwerfen. Die klassische Philosophie hatte versucht, die Grundprinzipien aufzufinden, denen alle anderen Unterscheidungen in der Klassifikation und Analyse der Erscheinungen untergeordnet waren, ein Unternehmen, das die gesamte Philosophie von Aristoteles bis Thomas von Aquin beherrschte. Bei Descartes bestand der Traum der Vernunft darin, ein *organon*, eine Methode zu erarbeiten, mit der sich das Reich der Abstraktion mit dem Reich der wirklichen Welt verbinden ließ. Descartes glaubte, ein solches *organon* mit seiner Verknüpfung von Algebra und Geometrie gefunden zu haben, die wir heute als analytische Geometrie bezeichnen. Der Traum der Vernunft in den Sozialwissenschaften bestand in dem Versuch Comtes, jene Gesetze des Denkens zu entdecken, welche die Stadien des menschlichen Bewußtseins erklärten, das von einem theologischen über ein metaphysisches zum positiven Stadium der Erkenntnis fortschreitet. Marx hatte – zumindest in der weitgehenden Formulierung durch Engels – gehofft, die Gesetze der gesellschaftlichen Entwicklung aufzuweisen, ähnlich wie dies Darwin mit dem Prinzip der biologischen Evolution gelungen war. In unserem Jahrhundert hegte Talcott Parsons die Hoffnung, eine allgemeine Theorie des Handelns zu errichten, deren vier Komponenten – Organismus, Persönlichkeits-, Gesellschafts- und Kultursystem – eine vollständige Morphologie gesellschaftlicher Beziehungen liefern würde. Der Strukturalismus ist der jüngste und in mancher Hinsicht ehrgeizigste dieser Versuche.

Einer der Gründe dafür, daß der Strukturalismus dem angloamerikanischen Denken etwas fremd geblieben ist, liegt darin, daß die englische philosophische Tradition, die bis vor wenigen Jahren tonangebend war, einen Skeptizismus, Empirismus und – vor allem unter dem Einfluß Russels – eine strenge *Analyse* pflegte und sich zur Aufgabe machte, Bedeutungen zu klären, indem sie die Funktion von Wörtern in Sätzen untersuchte und auf diese Weise eine Begriffserklärung vornahm. Doch selbst dort rennt man gegen die Wand des späten Wittgenstein, der darauf bestand, daß es keinen konstitutiven Zusammenhang gibt zwischen unserer Sprache und der Welt, die – so wurde bisher angenommen – von dieser Sprache bezeichnet, organisiert und abgebildet wird, und daß sich keine isomorphe Beziehung zwischen Worten und den von ihnen bezeichneten Gegenständen nachweisen läßt. Es gibt lediglich Regeln, auf die wir uns geeinigt haben, aber Regeln werden aufgestellt und können geändert werden.

Der Strukturalismus ist eine wirkliche Logik nach dem Vorbild der Mathematik, und gleich dieser ist er weniger an Inhalten als an Beziehungen interessiert (so wie die Algebra Zahlen durch Symbole ersetzt, um die Beziehungen besser handhaben zu können) und an den kombinatorischen Möglichkeiten, aufgrund deren sich die Zahl der Beziehungen vervielfacht. In der Methode folgt der Strukturalismus den Prinzipien der Mengenlehre, bei der die Elemente und Transformationen in formalen mathematischen Ausdrücken dargestellt werden. Insbesondere Piaget war stark beeinflußt von »Bourbaki« (Deckname für eine Gruppe hervorragender französischer Mathematiker), die gemeinsam eine Art Enzyklopädie über die Grundlagen der Mathematik herausgeben und bestrebt sind, alle mathematischen Aussagen zu axiomatisieren. In dem bereits zitierten Beitrag für die UNESCO hatte Piaget behauptet, es sei sinnlos, zwischen gesellschaftlicher Logik (interindividuelle oder kollektive Handlungen) und individueller Logik zu unterscheiden, da beide logisch-mathematischen Strukturen unterlägen.[72] Und Lévi-Strauss hat die Auffassung vertreten, daß die Gesetze des – primitiven ebenso wie des zivilisierten – Denkens dieselben seien wie jene, die in der physikalischen und sozialen Realität zum Ausdruck kommen, die jeweils nur einen ihrer Aspekte darstellen.[73] So wie es eine Übereinstimmung zwischen mathematischer und physikalischer Wirklichkeit gibt, so gibt es für Piaget auch eine Übereinstimmung zwischen Mathematik, menschlicher Sprache und der Struktur des menschlichen Denkens.

Was haben wir von alledem zu halten? Ist der Strukturalismus eine Bibliothek von Babel, die in den Worten von Borges »unbegrenzt und periodisch« ist, so daß »ein ewiger Wanderer, [der] sie in irgendeiner beliebigen Richtung durchmäße, ... nach Ablauf einiger Jahrhunderte die Erfahrung machen [würde], daß dieselben Bände in derselben Ungeordnetheit wiederkehren (aus dieser Ungeordnetheit würde durch Wiederholung eine Ordnung, der *Ordo*)«?[74] Oder ist sie ein neues *organon*, der Schlüssel zur Entzifferung der Erkenntnis?

Lévi-Strauss ist zu dem Schluß gelangt, daß es in der Anthropologie keine »Faktenwahrheiten«, sondern höchstens »Verstandeswahrheiten« geben kann. Dieser reduktionistische Rationalismus ist einer der Einwände, die gegen den Strukturalismus erhoben werden. Soziologische Relativisten lehnen die Idee einer sich mit der Entwicklung verändernden menschlichen Natur ab. Funktionalisten verwerfen die Behauptung, der innere Zusammenhang einer Kultur sei in bestimmten analogen Strukturen und nicht in den aktuellen Wechselbezügen des Alltagslebens begründet. Die Materialisten schmähen am Strukturalismus den »mentalistischen« Ansatz, während Evolutionstheoretiker und Humanwissenschaftler (aus unterschiedlichen Gründen und mit unterschiedlichen Argumenten) ein »Emergenz«-Prinzip in den menschlichen Fähigkeiten oder in der Natur des

Bewußtseins am Werk sehen, das sich mit den logischen Begriffen einer mathematischen Kombinatorik nicht erfassen läßt.

Es stellen sich noch andere Fragen. Wenn Lévi-Strauss den Mythos von Ödipus untersucht und dessen strukturelle Verwandtschaft mit Mythen weit entfernter Regionen nachweist oder wenn Edmund Leach in einer geistreichen strukturalistischen Interpretation der Genesis und anderer biblischer Geschichten mit Hilfe von »Transformationsregeln« zeigt (aus Gott wird Vater und aus keuschem Sohn wird jungfräuliche Tochter), daß die Geschichten von Abraham und Isaak und Jephta und seiner Tochter (im Buch der Richter) binäre Gegensätze darstellen, wird dann ein Kode entziffert, oder wird nicht vielmehr den Texten ein Kode *aufgezwungen*? Wie bei der seriellen Musik ist das alles möglicherweise nur eine Frage einer einfallsreichen Neukombination.

Vielleicht lassen sich diese Bemühungen auch unter einem anderen Aspekt betrachten, der den eigentlichen Kern des Problems berührt: können die Sozialwissenschaften zu geschlossenen Systemen wie die Naturwissenschaften werden oder bleiben sie an die Humanwissenschaften gebunden mit deren Gewicht auf der Vielfalt des menschlichen Verhaltens und der Mannigfaltigkeit von Bedeutungen, die den Reichtum der menschlichen Einbildungskraft ausmachen? Vielleicht läßt sich diese Behauptung vertreten: es *gibt* etwas wie kulturelle Universalien, aber es sind nicht die zugrundeliegenden formalen Handlungsmuster oder -strukturen, sondern die existentiellen Nöte, denen alle menschlichen Wesen und alle menschlichen Gruppen im Vollzug ihres Alltags ausgesetzt sind. Wir können sagen, daß alle sozialen Gruppen auf bestimmte ähnliche Situationen reagieren: die Tatsache des Todes, den Charakter des Tragischen, das Wesen der Liebe, die Definition von Mut, die Idee der Gegenseitigkeit und dergleichen. Die von ihnen gezeigten *Reaktionen* sind die *Geschichte* der menschlichen Kultur in ihrer vielfältigen Gestalt, aber im Hinblick auf ein Verständnis vom Wesen des Lebens sind es immer wieder dieselben Fragen, die sich uns stellen.

Anmerkungen

Einleitung

1 Auguste Comte, *Soziologie*, 3 Bde., Jena 1923.
2 Ebd., Bd. 1, S. 254ff.
3 Ebd., Bd. 3, S. 565 und 576f.
4 Eine vorzügliche und anspruchsvolle Biographie Spencers ist das Buch von J. Y. D. Peel, *Herbert Spencer: The Evolution of a Sociologist*, New York 1971; vgl. auch die ausgezeichnete und leider in Vergessenheit geratene Studie von Jay Rumney, *Herbert Spencer's Sociology*, New York 1937; 1966.
5 Es verdient festgehalten zu werden, daß Ward noch aus einem weiteren Grund für sich Berühmtheit beanspruchte, der trotz seiner Ausgefallenheit bislang von den Historikern ungewöhnlicher Ideen übersehen worden ist. Hören wir einen seiner Bewunderer selbst:

»Lester F. Ward war ein Denker von höchstem Rang, der in einem Atemzug zusammen mit Marx, Freud und Einstein genannt zu werden verdient. Er steht mit diesen Männern auf einer Stufe, weil er wie sie in lebenslanger und rastloser geistiger Arbeit eine allumfassende und so gut wie unwiderlegliche Entdeckung gemacht hat, die seitdem auf immer in den Hort menschlicher Erkenntnis eingegangen ist... *Ward hat als erster das Problem des Ursprungs und der Entwicklung der Geschlechter gelöst.* Diese Tat ist es, die seinen Namen unvergeßlich machen wird, und nicht sein gewaltiges soziologisches Theoriengebäude oder seine brillanten Anmerkungen zu Hunderten von weniger bedeutsamen Aspekten sozialer Beziehungen.« (Hervorh. D. B.)

Nach Ward kam es im Lauf der Evolution erstmals zur Paarung, nachdem auf der Stufe der Rankenfußkrebse das Weibchen aus dem eigenen Körper mehrere Männchen entwickelte, von denen es eines oder mehrere zur Begattung auswählte. Wards Bewunderer beklagte die Mißachtung dieser Entdeckung durch die Öffentlichkeit mit folgenden Worten:

»Wenn man sich bewußt macht, daß die sexuelle Vereinigung demnach aus der Paarung der Mutter mit ihrer eigenen Nachkommenschaft entstand, und dies mit Freuds Hervorhebung der Mutter-Sohn-Beziehung vergleicht, d. h. mit dem Ödipuskomplex, dann wird die bislang im Dunklen gebliebene Bedeutung Wards für das Freudsche System sofort deutlich, der mit seiner Entdeckung einen wissenschaftlichen Stützpfeiler für das Gebäude der Psychoanalyse geliefert hat.« Clement Wood, *The Sociology of Lester F. Ward*, New York 1930, S. xi und xiv.

6 Zu einer allgemeinen Übersicht vgl. Thomas A. Sebeok (Hg.), *Sight, Sound and Sense*, Bloomington 1978; darin insbesondere Milton Singer, »For a Semiotic Anthropology«, S. 202–231.

7 Interessante Erörterungen hierzu finden sich in Frank Hahn und Martin Hollis (Hg.), *Philosophy and Economic Theory*, Oxford 1977; s. darin vor allem den Beitrag von A. Sen, »Rational Fools«. Vgl. auch Norman Daniels (Hg.), *Reading Rawls*, Oxford 1975.

8 Der Marxismus scheint fast zu einer »Wissenschaft« der kapitalistischen und westlichen Welt geworden zu sein. Aber wie ließen sich mit der marxistischen Theorie die Zwangsarbeitslager in der Sowjetunion erklären, die Todeslager Kambodschas, die ideologische und politische Auseinandersetzung zwischen der Sowjetunion und der Volksrepublik China oder der Krieg zwischen Vietnam und Kambodscha, die noch wenige Jahre zuvor enge Verbündete im Kampf gegen den westlichen »Imperialismus« waren?

9 Eine ebenso lesbare wie kritische Darstellung der marxistischen Theorie vor dem Hintergrund dieser Versuche bietet Mark Blaug, *A Methodological Appraisal of Marxian Economics*, Amsterdam 1980.

10 Vgl. hierzu Edmund Husserl, *Die Krise der europäischen Wissenschaften* (1935), Hamburg 1982, und Jürgen Habermas, *Erkenntnis und Interesse*, Frankfurt 1968.

11 Einen guten Überblick über diese neue Entwicklung bietet der Sammelband von Paul Rabinow und William M. Sullivan (Hg.), *Interpretative Social Science*, Berkeley 1979.

Teil I

1 Karl W. Deutsch, John Platt und Dieter Senghaas, »Conditions Favoring Major Advances in Social Science«, *Science* 171 (1971), S. 450.

2 Ebd.

3 Die einfachste Möglichkeit, eine Verwandtschaftsbeziehung (Lineage) zu begründen, ist über die patrilineare Herkunft. In der Nationalökonomie sind die Großväter Adam Smith, Thomas Malthus und David Ricardo (ca. 1776–1810) und die Väter Alfred Marshall und Léon Walras (1870–1890); in der Soziologie sind Auguste Comte, Karl Marx und Herbert Spencer (ca. 1850–1870) die Großväter und Emile Durkheim und Max Weber (1890–1915) die Väter; in der Psychologie sind Hermann von Helmholtz, Ernst Weber und Gustav Fechner (ca. 1839–1860) die Großväter und Wilhelm Wundt, William James und Sigmund Freud die Väter (1879–1910); in der Anthropologie sind Edward Burnett Tylor und James George Frazer (1879–1900) die Großväter und Franz Boas und Bronislaw Malinowski (1910–1920) die Väter. Die Daten sind etwas willkürlich und beziehen sich auf die Zeitspanne, in der die wichtigsten Arbeiten dieser Wissenschaftler erschienen oder in der sie ihren Ruf begründeten.

4 Paul A. Samuelson, »Economics in a Golden Age: A Personal Memoir«, in Gerald Holton (Hg.), *The Twentieth Century Sciences*, New York 1972, S. 159.

5 Ebd., S. 166.

6 Ebd., S. 160.

7 Ich stütze mich hier auf einen Aufsatz über Samuelson von William Breit und Roger Ransom in *The Academic Scribblers: American Economists in Collision*, New York 1971.

8 Wie lassen sich etwa Äpfel und Birnen, Kleider und Automobile auf einen Nenner bringen? Da für jede Einheit ein Preis angegeben werden kann, läßt sich das relative Gewicht der gekauften Güter im »Warenkorb« des Verbrauchers bestimmen, und schließlich werden die unterschiedlichen Preise und Gewichte zu einer einzigen Indexziffer zusammengefaßt. Ein einzelnes »normales« Jahr wird als Basisjahr ausgewählt und dessen Index zu 100 festgesetzt. Preisänderungen der folgenden Jahre werden als Indexziffern in Relation zu diesem Basisjahr ausgedrückt, so daß ein Preisanstieg für die Güter des Warenkorbs um zehn Prozent im ersten Jahr nach dem Basisjahr einen Verbraucherpreisindex von 110 ergibt.

9 Georges T. Guilbaud, *What is Cybernetics?* New York 1960, S. 5f. Die Hinweise auf Plato und Ampère verdanke ich Guilbaud.

10 Randall L. Dahling, »Shannon's Information Theory: The Spread of an Idea«, in *Studies in the Utilization of Behavioral Science*, Vol. II,

Institute for Communications Research Stanford 1962. Die erste allgemeinverständliche Darstellung der Gedanken Shannons wurde im Dezemberheft 1953 von *Fortune* veröffentlicht.

11 Noam Chomsky, »The General Properties of Language«, in Frederic L. Darley (Hg.), *Brain Mechanisms Underlying Speech and Language*, New York/London 1967, S. 81.

12 Ebd. Die klarste und auch für Laien erständliche Darstellung der Gedanken Chomskys ist sein Buch *Sprache und Geist*, Frankfurt 1970.

13 Stephen Toulmin, »Norbert Wiener and Warren McCulloch«, in *Makers of Modern Thought*, New York 1972, S. 489f.

14 George A. Miller, »The Magical Number Seven Plus or Minus Two«, *The Psychological Review* 63 (1956), S. 90.

15 Ebd., S. 95.

16 Ebd.

17 Zur Veranschaulichung dieser rekursiven Satzglieder erzeugt Miller eine mehrfache Satzverschachtelung:

»Die Frage ist natürlich die, ob wir das mehr als nur einmal, d. h. rekursiv tun können. Machen wir einen Versuch: *›Derjenige, der den Satz ›der König, der sagte, »mein Königreich für ein Pferd«, ist tot‹, als Beispiel anführte, ist ein Psychologe.‹* Für die meisten ist damit die Grenze ihrer Aufnahmefähigkeit erreicht; hätte ich Sie nicht darauf vorbereitet, so hätten Sie den Satz wahrscheinlich gar nicht verstanden. Gehen wir noch einen Schritt weiter: *›Das Publikum, das den Ausspruch vernahm, »derjenige, der den Satz ›der König, der sagte, »mein Königreich für ein Pferd«, ist tot‹, als Beispiel anführte, ist ein Psychologe«, ist mehr als geduldig.‹* Spätestens an dieser Stelle werden Sie es aufgeben. Wenn nicht, könnte ich natürlich endlos so weitermachen.«

18 George A. Miller, »Computers, Communication and Cognition«, in: ders., *The Psychology of Communication*, New York 1967, S. 112f. und 117.

19 Vgl. Marvin Minsky, »Artificial Intelligence«, in: *Information (Scientific American* book), San Francisco 1966, S. 204–207.

20 S. hierzu Alvin Gouldner, *Die westliche Soziologie in der Krise*, Reinbek 1974.

21 S. Bertrand de Jouvenel, »The Planning of the Future«, in: *The Great Ideas Today 1974*.

22 James S. Coleman, »Equal Schools or Equal Students?«, *The Public Interest* 4 (1966), S. 73–74.

23 Ebd., S. 74.

Teil II

1 Ruth Benedict, *Urformen der Kultur*, Hamburg 1955, S. 15–17.

2 *The Wilson Quarterly*, Sommer 1977, S. 109 f.

3 Ernst Mayr, »Evolution«, *Scientific American*, Sept. 1978, S. 52 f.

4 W. D. Hamilton, »The Genetical Theory of Social Behavior«, *The Journal of Theoretical Biology*, 7 (1964).

5 Wie Hamilton bemerkt, zeigt sich ein Höchstmaß an Kooperation bei Kolonien von genetisch identischen Zellen, aus denen der menschliche Körper besteht. Und bei John Maynard Smith heißt es hierzu:

»Es ist wichtig festzuhalten, daß sich dies auf Organismen bezieht, die unfähig sind, irgendwelche Verwandtschaftsgrade zu erkennen. Bei solchen Arten, die in der Regel in Familiengruppen leben, wird ein Gen, das ein altruistisches Verhalten gegenüber den Angehörigen der eigenen Gruppe bewirkt, selbst dann eine Zunahme seines Vorkommens erfahren, wenn die einzelnen Individuen keine Familienmitglieder erkennen können.«

6 E. O. Wilson, *Sociobiology: The New Synthesis*, Cambridge, Mass. 1975, S. 4 (Hervorh. D. B.).

7 Ebd., S. 7.

8 Ebd.

9 E. O. Wilson, *Biologie als Schicksal*, Frankfurt u. a. 1980, S. 38.

10 S. L. Washburn, »Human Behavior and the Behavior of Other Animals«, *American Psychologist*, Mai 1978, S. 415.

11 Marvin Harris, *Cultural Materialism: The Struggle for a Science of Culture*, New York 1979, S. 124.

12 E. O. Wilson, *Sociobiology* (Anm. 6).

13 E. O. Wilson, *Biologie als Schicksal* (Anm. 9), S. 185.

14 E. O. Wilson, »Biology and the Social Sciences«, *Daedalus* 2 (1977), S. 132.

15 Ebd.

16 Ebd., S. 137 (Hervorh. D. B.).

17 Das Beispiel stammt aus einer Zusammenfassung von Werkstattdiskussionen über Soziobiologie und die Sozialwissenschaften, die von der American Academy of Arts and Sciences im März und April 1977 veranstaltet wurden.

18 Marvin Harris (Anm. 11), S. 125.

19 »Biology and the Social Sciences« (Anm. 14), S. 138.

20 »The Intellectual Gentry of Neoclassical Economic Policy«, in:

William Breit und Roger L. Ransom, *The Academic Scribblers*, New York 1971, S. 14. Vgl. auch den Literaturbericht von A. Robert Nobay und Harry G. Johnson, »Monetarism: A Historic-Theoretic Perspective«, *The Journal of Economic Literature*, Juni 1977.

21 Robert M. Solow, »What We Know and Don't Know About Inflation«, M.I.T. *Technology Review* Dez. 1978/Jan. 1979, S. 38. Diese amüsante Darstellung ist allein schon wegen Solows Abenteuern mit der Phillips-Kurve lesenswert.

22 Paul Samuelson und Robert M. Solow, »Analytical Aspects of Anti-Inflation Policy«, *American Economic Review*, Mai 1960.

23 Robert M. Solow (Anm. 21), S. 44 f.

24 Lester C. Thurow, »Economics 1977«, *Daedalus*, Herbst 1977, S. 83 f.

25 *Wall Street Journal*, 24. Januar 1979.

26 Robert Lucas, »Expectations and the Neutrality of Money«, *Journal of Economic Theory*, April 1972.

27 Zur Literatur über den Monetarismus vgl. A. R. Nobay und H. G. Johnson (Anm. 20). Milton Friedmans Theorien sind in seinem Buch *Studies in the Quantity Theory of Money*, Chicago 1956, sowie in einem Aufsatz dargelegt: »The Role of Monetary Policy«, *American Economic Review*, März 1968. Besonders bekanntgemacht wurden die Ideen Friedmans durch die Aufsätze von Robert Lucas: »Expectations ... « und »Understanding Business Cycles«, Supplement zum *Journal of Monetary Economics* 1977.

28 John Cornwall, *Modern Capitalism*, Oxford 1977.

29 Alfred P. Sloan, *My Years With General Motors*, New York 1946.

30 Joan Robinson, »The Production Function and the Theory of Capital«, *Review of Economic Studies* XXI (1953/54), S. 81–106; N. Kaldor, »Alternative Theories of Distribution«, *Review of Economic Studies* XXIII (1955/56), S. 83–102.

31 Basil J. Moore, »A Post-Keynesian Approach to Monetary Theory«, *Challenge* Sept./Okt. 1978, S. 52. Zu einem allgemeinen Überblick über dieses Thema s. Alfred S. Eichner und J. A. Kregel, »An Essay on Post-Keynesian Theory: A New Paradigm in Economics«, *Journal of Economic Literature*, Dez. 1975. Vgl. auch Joan Robinson, *Essays in the Theory of Economic Growth*, London 1962; Michal Kalecki, *Selected Essays on the Dynamics of the Capitalist Economy, 1933–1970*, Cambridge 1971; Alfred S. Eichner, *The Megacorp and Oligopoly*, Cambridge 1976.

32 William Nordhaus, »Inflation Theory and Policy«, *American Economic Review*, Mai 1976.

33 Edward Tufte u. a., *Political Control of the Economy*, Princeton 1978.

34 Assar Lindbeck, »Stabilization Policy in Open Economies with Endogenous Politicians«, *American Economic Review*, Mai 1976, S. 18.

35 Der Gedanke, ein soziales System als »Gleichgewichtszustand« aufzufassen, geht auf Vilfredo Pareto zurück und beeinflußte durch die Vermittlung von J. L. Henderson, einem Physiologen der Harvard University, auch Talcott Parsons und dessen soziologische Arbeiten. Aber es ist sicherlich bezeichnend, daß Pareto ursprünglich Wirtschaftswissenschaftler und Ingenieur war.

36 G. L. S. Shackle, *Epistemics & Economics*, Cambridge 1972.

37 Daniel Bell, *The Coming of the Post-Industrial Society*, New York 1973, S. 279. Dt. Ausg. (gekürzt): *Die nachindustrielle Gesellschaft*, Frankfurt 1985 (1976).

38 Gary Becker, *Der ökonomische Ansatz zur Erklärung menschlichen Verhaltens*, Tübingen 1982, S. 7.

39 »Economics From a Biological View point«, *The Journal of Law and Economics*, April 1977, S. 2.

40 Herbert A. Simon, *Entscheidungsverhalten in Organisationen: eine Untersuchung von Entscheidungsprozessen in Management und Verwaltung*, Landsberg/Lech 1981, S. 29 (Orig.: *Administrative Behavior*).

41 Allg. hierzu H. A. Simon (Anm. 40); ders. *The New Science of Management Decision*, Englewood Cliffs, 1977; ders., *Models of Man*, New York 1957. Von seinen Aufsätzen sind besonders zu erwähnen »Theories of Bounded Rationality«, in: C. B. McGuire und Roy Radner (Hg.), *Decision and Organization*, Amsterdam 1972 und »From Substantive to Procedural Rationality«, in: S. J. Latsis (Hg.), *Method and Appraisal in Economics*, Cambridge 1976.

42 J. Kenneth Galbraith, *Die moderne Industriegesellschaft*, München/Zürich 1968 (Orig.: *The New Industrial State*).

43 Harvey Leibenstein, *Beyond Economic Man: A New Foundation for Economics*, Cambridge 1976.

44 Thomas C. Schelling, *Micromotives and Macrobehavior*, New York 1978.

45 Garrett Hardin, »The Tragedy of the Commons«, *Science*, 13. Dez. 1968, S. 1243–1248.

46 T. C. Schelling (Anm. 44), S. 127f.

47 Da mein Name ganz besonders mit dem Thema »Ende der Ideologie« verbunden wird, das Anfang der 60er Jahre auf ein starkes Interesse stieß, ist es vielleicht angebracht, darauf hinzuweisen, daß

viele diese These vom Titel meines Buchs übernommen haben, ohne das Buch selbst zu lesen. Es behandelte die »Erschöpfung politischer Ideen in den 50er Jahren«, wie der Untertitel lautete, und erörterte zwei Hypothesen: erstens, daß eine »neue Generation ohne bedeutungsvolle Erinnerung an diese alten Debatten und ohne sichere Tradition, auf der sie aufbauen könnte«, sehnsüchtig und verzweifelt nach einer »Sache« sucht, um einen neuen Glauben zu erringen, und zweitens, »daß die alten Ideologien und intellektuellen Debatten des 19. Jahrhunderts erschöpft sind, während die aufstrebenden Nationen Afrikas und Asiens neue Ideologien entwickeln, die für die einheimische Bevölkerung von weit stärkerer Anziehungskraft sind... Die Ideologien des 19. Jahrhunderts waren universalistisch und humanistisch und wurden von Intellektuellen erarbeitet. Die Massenideologien Asiens und Afrikas sind hingegen beschränkt, instrumentell und von politischen Führern formuliert.« D. Bell, *The End of Ideology*, Glencoe 1960, verb. Aufl. 1962, S. 40 und 373.

48 Zu einer Diskussion dieser Frage s. D. Bell, »The Once and Future Marx«, *The American Journal of Sociology* 83 (1977), Neuabdr. in D. Bell, *The Winding Passage: Essays and Sociological Journeys, 1960–1980*, Cambridge 1980.

49 George Lichtheim, *Marxism: An Historical and Critical Study*, London 1961.

50 Theodor W. Adorno, »Erpreßte Versöhnung«, in *Noten zur Literatur 2*, Frankfurt 1961, S. 185. Herbert Marcuse, *Die Gesellschaftslehre des sowjetischen Marxismus*, Neuwied 1974.

51 Herbert Marcuse, *Der eindimensionale Mensch*, Neuwied 1967; Theodor W. Adorno in verschiedenen Aufsatzsammlungen, insbesondere *Prismen*, Frankfurt 1955.

52 Jürgen Habermas, *Technik und Wissenschaft als Ideologie*, Frankfurt 1968, S. 79f.

53 George Lichtheim, »Sartre, Marxism, and History«, in *Collected Essays*, New York 1973, S. 378.

54 Karl Marx, »Zur Judenfrage«, MEW Bd. 1, Berlin 1972, S. 378ff.

55 Karl Marx, »Das Elend der Philosophie«, MEW Bd. 4, Berlin 1972, S. 63ff.

56 Joseph Schumpeter, *Kapitalismus, Sozialismus und Demokratie*, Bern 1949.

57 Milovan Djilas, *Die neue Klasse*, München 1957.

58 W. I. Lenin, »Staat und Revolution«, *Ausgewählte Werke* Bd. 2, Berlin 1970, S. 353.

59 Max Weber, *Wirtschaft und Gesellschaft*, Tübingen 1972.
60 György Konrád und Iván Szelényi, *Die Intelligenz auf dem Weg zur Klassenmacht*, Frankfurt 1978.
61 Alvin Gouldner, *Die Intelligenz als neue Klasse. 16 Thesen zur Zukunft der Intellektuellen und der technischen Intelligenz*, Frankfurt 1980, S. 134.
62 Leszek Kolakowski, *Die Hauptströmungen des Marxismus*, 3 Bde., München 1981.
63 Ebd., Bd. 3, S. 567, 570 und 576.
64 Jean Piaget, »General Problems of Inter-disciplinary Research and Common Mechanisms«, in: *Main Trends of Research in the Social and Human Sciences. Part One: Social Sciences*, Paris/Den Haag 1970, S. 378.
65 Roland Barthes, »Die strukturalistische Tätigkeit«, *Kursbuch 5* (1966), S. 190.
66 Howard Gardner, *The Quest for Mind*, New York 1973, S. 9f.
67 Eine etwas unglückliche Ausdrucksweise, da die führenden Köpfe auf dem Gebiet der Wissenschaftstheorie, von Paul Feyerabend bis Stephen Toulmin bestreiten, daß es eine eigene »wissenschaftliche« Methode gebe.
68 Richard T. und Fernande M. de George (Hg.), *From Marx to Lévi-Strauss*, New York 1972.
69 Claude Lévi-Strauss, *Das Ende des Totemismus*, Frankfurt 1965.
70 C. Lévi-Strauss, *Strukturale Anthropologie*, Bd. 2, Frankfurt 1975, S. 31.
71 Ebd., S. 135.
72 Piaget (Anm. 64), S. 246.
73 C. Lévi-Strauss, *Die elementaren Formen der Verwandtschaft*, Frankfurt 1981.
74 Jorge Luis Borges, »Die Bibliothek von Babel«, in: ders., *Labyrinthe*, München 1959, S. 181.

Reihe Campus

Band 1001
Daniel Bell
Die nachindustrielle Gesellschaft
1985. 392 Seiten

Band 1002
Lutz Franke (Hg.)
Menschlich wohnen
Originalausgabe
1985. 168 Seiten

Band 1003
Käte Frankenthal
Jüdin, Intellektuelle, Sozialistin
Lebenserinnerungen einer Ärztin in Deutschland und im Exil
1985. 256 Seiten

Band 1004
Joel Kovel
Kritischer Leitfaden der Psychotherapie
1985. 312 Seiten

Band 1005
Oskar Negt
Lebendige Arbeit, enteignete Zeit
Politische und kulturelle Dimensionen des Kampfes um die Arbeitszeit
1985. 312 Seiten

Band 1006
Stephan Quensel
Mit Drogen leben
Erlaubtes und Verbotenes
Originalausgabe
1985. 177 Seiten

Band 1007
Dieter Bartetzko
Architektur kontrovers
Schauplatz Frankfurt
Originalausgabe
1986. 192 Seiten. 35 Abb.

Band 1008
Hermann Bausinger
Volkskultur in der technischen Welt
Erweiterte Neuausgabe
1986. 228 Seiten

Band 1009
Jörg Tröger (Hg.)
Hochschule und Wissenschaft im Dritten Reich
1986. 140 Seiten

Band 1010
Daniel Bell
Die Sozialwissenschaften seit 1945
Deutsche Erstausgabe
1986. 204 Seiten

Band 1011
K.-W. Brand, D. Büsser, D. Rucht
Aufbruch in eine andere Gesellschaft
Neue soziale Bewegungen in der Bundesrepublik
Aktualisierte Neuausgabe
1986. Ca. 300 Seiten

Band 1012
Karl-Heinz Kohl
Exotik als Beruf
Erfahrung und Trauma der Ethnographie
Überarbeitete Neuausgabe
1986. Ca. 135 Seiten

Band 1013
Paul Lüth
Von der stummen zur sprechenden Medizin
Über das Verhältnis von Patient und Arzt
Überarbeitete Neuausgabe
1986. Ca. 180 Seiten